おうち ごはんと おべんとう

料理グッズで簡単!

KOKUBO

はじめに

この本をご覧いただきありがとうございます。

私たちKOKUBO（小久保工業所）は、
家庭用品・生活雑貨のメーカーです。
暮らしに役立つキッチン用品、ランドリー用品、
お掃除用品などを企画・製造しています。

野菜を簡単にらせん状にカットする
「くるりんカッター」。
小麦粉を均等にきれいにふりかけられる
「小麦粉ふりふりストッカー」。
ソーセージをタコならぬ宇宙人にカットできる
「宇宙人ソーセージカッター」。
容器にごはんを入れてふるだけで
ひと口サイズのかわいいおにぎりができる
「おにぎりDAYS チビまる」。

これらは、毎日のごはんが「たのしく、おいしく、かんたんに」
作れるようにと開発した、私たち自慢の料理グッズです。
この本は、これらの料理グッズを使って、
お子さんを中心にご家族のみなさんが笑顔になるレシピを集めました。
グッズを使用するので、どれも簡単にできるものばかり。
作る人も食べる人もハッピーになるごはんです。

気持ちよく料理ができるよう、最後のほうにはキッチン掃除術も紹介しています。

みなさんの毎日の暮らしに役立つ1冊になればと思います。

KOKUBO（小久保工業所）

Contents

はじめに …… 2
この本の使い方 …… 7

Chapter 1

子どもが喜ぶ笑顔のごはん …… 8

くまさんサンドイッチ …… 10
アニマルひややっこ …… 12
ゆで卵と生ハムのサラダ …… 14
ねことくまのライスバーガー …… 16
焼き鮭とハンバーグのワンプレート …… 18
スティックおにぎりプレート …… 20
トーストのワンプレート …… 22
フルーツ白玉 …… 24
ベリーのクレームダンジュ …… 26
イチゴのスムージー …… 28
3Dクッキー …… 30
チョコレートバナナパフェ …… 32
フルーツポンチ …… 34
バナナの剣 …… 36
イチゴの指輪 …… 38

「おうちごはん」のママがおすすめ！暮らしが楽しくなる便利グッズ …… 40

Chapter
2

簡単でおいしい！家族みんながうれしくなる毎日ごはん …… 44

鶏もも肉と野菜のレンジ蒸し …… 46
アッシ・パルマンティエ …… 48
豚の生姜焼き …… 50
アボカドとえびのサラダ …… 52
かぼちゃのポタージュ …… 54
豚肉ときのこの柚子そば …… 56
ベーコンとマッシュルームのクリームパスタ …… 58
オムライス …… 60
マカロニサラダ …… 62
えびとブロッコリーのアヒージョ …… 64
紫キャベツとオリーブのマリネ …… 66
トルネードポテト …… 68
ウフマヨネーズ …… 70
広島風お好み焼き …… 72
ランチョンミートむすび …… 74
アスパラと魚肉ソーセージのソテー …… 76

COLUMN 暮らしに役立つ便利グッズ1 …… 78

Chapter 3

残さずに食べてもらいたいおべんとう …… 80

- おしゃれおにぎりべんとう …… 82
- スポーツおにぎりべんとう …… 84
- アニマルおにぎりべんとう …… 86
- アニマルサンドイッチべんとう …… 88
- 鶏そぼろべんとう …… 90
- ころころおにぎりべんとう …… 92
- 俵おにぎりべんとう …… 94
- 巻き寿司べんとう …… 96
- 具だくさんサンドイッチべんとう …… 98

COLUMN 暮らしに役立つ便利グッズ2 …… 100

Chapter 4

キッチン掃除術 …… 102

キッチンまわりの掃除に必要な4つの洗浄剤 …… 104

- シンクまわり …… 108
- コンロまわり …… 110
- 換気扇 …… 112
- キッチン家電 …… 114
- 調理道具 …… 116
- 食器類 …… 118
- スポンジ・ふきん類 …… 121
- ダイニング …… 122
- 壁面を活用して効率よく作業 …… 124

COLUMN 暮らしに役立つ便利グッズ3 …… 126

この本の使い方

本書には「KOKUBO」のグッズを使用して作った料理と、「紀陽除虫菊」の4つの洗浄剤を使ったキッチン掃除術が掲載されています。どちらの製品も全国さまざまなショップで購入することができ、なかには100円ショップで買えるものもあります。ネットショッピングも可能です。本書のなかでグッズや洗浄剤の使い方を紹介していますが、製品のパッケージに明記されている説明書をよく読んでからご使用ください。

Chapter 1-3

グッズの使い方
「作り方」のなかに出てきたグッズの使い方を写真付きで紹介しています。

材料の分量の表示
大さじ1は15ml、小さじ1は5mlです。

調理に使用するグッズを表示
黄色でマーキングしたのがグッズ名です。詳しい使い方はページ内に記載しています。

グッズの説明
使用したなかから1点をピックアップし、特長や使い方について詳しく説明しています。

Chapter 4

掃除に適した洗浄剤
「重曹物語」「クエン酸物語」「セスキ炭酸ソーダ物語」「オキシウォッシュ酸素系漂白剤」の4つのなかから、その場所と汚れの状態に適した洗浄剤を紹介しています。

掃除に使用するグッズ
その場所と汚れの状態に適したグッズを紹介していますが、ふきんやブラシなどは絶対にその製品でないとできない、ということではありません。用意できるもので掃除してください。

掃除の仕方
写真付きでわかりやすく説明しています。

Chapter

1

子どもが喜ぶ
笑顔のごはん

ゆで卵がうさぎさんの形をしたサラダだったり、
くまさんの顔のサンドイッチだったり……。
テーブルの上にこんな料理がのっていたら、
子どもは興味津々!
そしてママは小さくガッツポーズ!!
子どもが笑顔になって食がすすむごはんです。

パンがくまさんの顔！
くまさんサンドイッチ

10 min.
調理時間

1 子どもが喜ぶ笑顔のごはん

a 食パンの上に「食パン用抜き型セット」の外枠用抜き型をのせて押し込む。

b くまの輪郭に抜いたら、その上に顔用抜き型を押し込む。

c 顔がついたくまのできあがり。ハムとチーズも外枠用抜き型でくまの輪郭に抜く。

材料（1人分）
食パン（8枚切り）…… 4枚
スライスチーズ …… 1枚
ハム …… 1枚
ブルーベリージャム …… 大さじ1

作り方

1. 食パン、スライスチーズ、ハムは「食パン用抜き型セット」(a,b,c)でクマの形に抜く。食パン2枚のみ、内側（顔の部分）も抜く。
2. 1つは食パン、スライスチーズ、ハム、食パン（顔付き）の順に重ねる。もう1つは食パン、ジャム、食パン（顔付き）の順に重ねる。

食パン用抜き型セット
外枠用抜き型をのせて押し込むとくまの輪郭が抜けて、さらにそのなかに顔用抜き型を押し込むと目・鼻・口・耳が抜ける。食パンだけでなく、ハムやチーズなどアイデアしだいで幅広く使える。

1 子どもが喜ぶ笑顔のごはん

a

豆腐の上に「豆腐スタンプ アニマル」を端から押し込み、しばらくキープし、端からゆっくり離す。

b

「とうふ一丁容器」は豆腐一丁がすっぽり入って水切りもできる容器。

c

水切りすのこを上に引き上げるだけで崩さず簡単に取り出せる。水切りすのこは広げてまな板としても使える。

材料（2人分）
- トマト …… 1個
- オクラ …… 2本
- A｜オリーブ油 …… 大さじ1
   ｜塩 …… 小さじ1/4
- 絹ごし豆腐 …… 2個（300g）
- しょうゆ …… 小さじ2

作り方

1. トマトはヘタを取り、1cm角に切る。オクラは塩もみして洗って水気を拭き、輪切りにする。
2. ボウルに1とAを入れて混ぜ合わせる。
3. 器に2を入れて豆腐をのせ、==「豆腐スタンプ アニマル」==（a）を豆腐の表面に押し、しょうゆをかける。

※残った豆腐は「とうふ一丁容器」(b,c)に入れて保存する。

goods

豆腐スタンプ アニマル・ファミリー
豆腐にポン！と押すだけ。しょうゆをかけると絵が浮かび上がる。1袋にスタンプ4個入り。

かわいい形のゆで卵が主役

ゆで卵と生ハムのサラダ

25 min.
調理時間

1 子どもが喜ぶ笑顔のごはん

a できたてのゆで卵を「ゆでたまごっこ」のなかに入れてフタを閉め、冷水に入れる。

b 片手で傾けてラクラク水切りができる「スピンホイールコランダー」。ボウルを180度まわせばフタになる。

材料(2人分)
卵 …… 2個
生ハム …… 6枚
ベビーリーフ …… 1袋
プチトマト(黄) …… 3個
A｜オリーブ油 …… 大さじ2
　｜レモン汁 …… 大さじ1
　｜塩 …… 小さじ1/4
　｜こしょう …… 少々
中濃ソース、ケチャップ
　…… 各適量

作り方

1 水を入れた鍋に、卵をそっと入れ、沸騰後11〜12分ゆでる。殻をむいて「ゆでたまごっこ」(a)に入れ、冷水に入れて10分ほどおく。

2 卵を取り出し、中濃ソースとケチャップで顔を書く。

3 器に「スピンホイールコランダー」(b)を使って洗ったベビーリーフ、花の形に丸めた生ハム、ヘタを取って半分に切ったプチトマトを盛り、2をのせる。混ぜ合わせたAを添える。

**ゆでたまごっこ
うさぎ&くま・さかな&くるま**
ゆで卵をかわいい形にするグッズ。ゆで卵が熱いうちに使うのがポイント。

かぶりつけなくなるほどかわいい！
ねことくまのライスバーガー

15 min.
調理時間

1 子どもが喜ぶ笑顔のごはん

a 「立体ミニライスバーガー」の本体にごはんを入れ、本体を押さえながら、押し棒で上から強く押し付ける。

b 本体、押し棒の順ではずす。押し棒は顔と胴体の2パーツある。

c つまようじに「ピックデコシール」を2つ折りで、はさむようにしっかり貼る。

材料（1人分）
合挽き肉 …… 50g
塩、こしょう …… 各少々
サラダ油 …… 小さじ1
ごはん …… 100g
スライスチーズ …… 2枚
レタス …… 1枚
ケチャップ、焼きのり …… 各適量

作り方

1 合挽き肉に塩とこしょうを加えて混ぜ、半分に分けて小判形に丸める。

2 フライパンにサラダ油を熱し、1を入れて中火で両面を2分ずつ焼く。

3 「立体ミニライスバーガーメーカー」（a,b）で顔と胴体を作る。顔はごはん20gずつ、胴体は30gずつ。ごはんの胴体の上にちぎったレタス、丸形に抜いたスライスチーズ、2、ケチャップをのせる。さらにごはんの顔をのせ、「ピックデコシール」（c）をつけたつまようじをさし、ケチャップと焼きのりで顔をつける。

立体ミニライスバーガーメーカー ねこ・くま
小さくてかわいい形のライスバーガーのパーツが作れるグッズ。本体にごはんを入れて押し棒で押し付けてはずすだけ。

カフェのおしゃれランチみたい
焼き鮭とハンバーグのワンプレート

25 min.
調理時間

材料(2人分)

[ハンバーグ]
玉ねぎ …… 1/2個
A 合挽き肉 …… 300g
　卵 …… 1個
　塩 …… 小さじ1/2
　パン粉 …… 1/2カップ
ごま油 …… 大さじ1
ケチャップ …… 適量

[焼き鮭]
甘塩鮭 …… 2切れ

[卵焼き]
卵 …… 2個
B 牛乳 …… 大さじ2
　砂糖 …… 小さじ1
　塩、こしょう …… 各少々
サラダ油 …… 小さじ1

[紫キャベツとオリーブのマリネ]
p66-67参照 …… 適量

ごはん …… 200g
いりごま(黒) …… 少々
レタス …… 2枚
紫玉ねぎ …… 30g

a 約10.5cmの幅広の「ジャストターナー」は卵焼き器にジャストフィットするので使いやすい。

b 「デコ盛りしゃもじ」でごはんをすくってお皿の上にひっくり返し、中央を軽く押して出す。

デコ盛りしゃもじ
ごはんを片手で簡単に丸く盛れる。内側の凹凸加工でごはんがつきにくく、取り出しやすくなっている。

作り方

1 ［ハンバーグ］玉ねぎはみじん切りにする。ボウルに玉ねぎとAを入れてよく混ぜ合わせ、4等分にして小判形に丸める。フライパンにごま油を熱し、肉だねを入れて中火で両面に焼き色がつくまで焼き、フタをして弱火で3分ほど焼く。

2 ［焼き鮭］魚焼きグリルに入れ、中火で両面に焼き色がつくまで焼く。

3 ［卵焼き］ボウルに卵を割り入れ、Bを加えてよく混ぜ合わせる。卵焼き器にサラダ油を熱し、卵液の半量を入れ、弱めの中火で焼く。半熟状になったら「ジャストターナー」(a)を使ってくるくると巻き、残りの卵液を加え、半熟状になったらさらに巻く。取り出して食べやすい大きさに切る。

4 器に「デコ盛りしゃもじ」(b)を使ってごはんを盛り、いりごまをふる。ハンバーグを盛り、ケチャップをかける。焼き鮭、卵焼き、紫キャベツとオリーブのマリネ、ちぎったレタス、薄切りにした紫玉ねぎを盛る。

おにぎりDAYS スティック
ごはんを詰めてふるだけで食べやすい形のおにぎりを楽しく作れる成型器。凹凸加工でごはんがくっつきにくく、きれいに取り出せる。

材料（4本分）
ごはん …… 280g
生ハム …… 3枚
スモークサーモン …… 3枚
アボカド …… 1/4個
ラディッシュ …… 2個
ディル、黒こしょう、マヨネーズ、ピンクペッパー
　　…… 各適量

作り方

1 ごはん70gを「とんがりしゃもじOYAKO」(a) で「おにぎりDAYS スティック」(a,b) に入れてスティック状に成型する。これを4個作る。

2 ［生ハムスティックおにぎり］1に生ハムを巻き、黒こしょうをふる。

3 ［スモークサーモンスティックおにぎり］1にスモークサーモンを巻き、ディルを飾る。

4 ［アボカドスティックおにぎり］アボカドは1〜2mm厚さの薄切りにし、1の上に並べ、マヨネーズをかけ、ピンクペッパーをちらす。

5 ［ラディッシュスティックおにぎり］ラディッシュは輪切りにして塩少々をふり、しんなりしたら1の上に並べる。

a 先がとがっていてよそいやすい「とんがりしゃもじOYAKO」で「おにぎりDAYS スティック」にごはんを入れる。

b フタをして「おにぎりDAYS スティック」を数回ふって、スティック状のおにぎりを作る。

思わずにっこりしちゃうブレックファースト
トーストのワンプレート

10 min.
調理時間

材料(2人分)

[トースト]
食パン（6枚切り） …… 2枚
バター …… 適量

[スクランブルエッグ]
卵 …… 4個
A│生クリーム …… 大さじ2
　│塩 …… 小さじ1/4
バター …… 10g

[サラダ]
ベビーリーフ …… 1袋
ラディッシュ …… 2個
オリーブ油 …… 大さじ1
塩、こしょう …… 各少々

1 子どもが喜ぶ笑顔のごはん

a 食パンに「トースタンプ」を絵柄の凹みがはっきりと残るように、強く押し当てる。はずすときは、周囲からゆっくりと。

b 「ピーラー式バターナイフ」は先端にピーラーがついていて、冷蔵庫から出したばかりの固いバターも押し当ててすーっと引くだけで削れる。

c 1斤の食パンは「食パンカットガイド」の白色のベースにのせ、片面を包丁ガイドの壁面に軽く押し当てる。切りたい厚さの溝にパン切り包丁をさし込み、前後に平行に動かしながらゆっくりとカットする。

作り方

1 [トースト] 食パンに「トースタンプ」(a)を強く押し当ててから、トースターで2分焼く。トーストには「ピーラー式バターナイフ」(b)を使ってバターを塗る。

2 [スクランブルエッグ] ボウルに卵を割り入れ、Aを加えてよく混ぜ合わせる。フライパンにバターを入れて中火で溶かし、卵液を入れて混ぜながら半熟状になるまで火を通す。

3 [サラダ] ベビーリーフは洗って水気をきる。ラディッシュは輪切りにする。器に盛り、オリーブ油をかけて塩とこしょうをふる。

※1斤の食パンの場合は「食パンカットガイド」(c)を使ってカットする。

トースタンプ
食パンに強く押し当ててからトーストすると、食パンに絵が浮かび上がる。きれいに焦げ目をつけたい場合は、5枚切りや6枚切りがおすすめ。

豆腐入りのもちもち白玉はいつまでもやわらか！
フルーツ白玉

15 min.
調理時間

1 子どもが喜ぶ笑顔のごはん

a つまようじに「ピックデコシール」を2つ折りで、はさむようにしっかり貼る。

b 「ピックデコシール」を貼ったつまようじをフルーツや白玉にさす。

材料（4人分）
白玉粉 …… 100g
絹ごし豆腐 …… 100g
砂糖 …… 大さじ2
イチゴ …… 8個
パイナップル …… 150g
キウイ …… 1個
黒みつ …… 適量

作り方

1. ボウルに白玉粉、豆腐、砂糖を入れてよく混ぜ合わせ、2〜3cmの球状に丸める。
2. 鍋に熱湯を沸かし、1を入れて浮いてから2分ほどゆでて冷水にとり、水気を切る。
3. 器に食べやすい大きさに切ったイチゴ、パイナップル、キウイ、2を盛り、黒みつをかけ、「ピックデコシール」(a,b)を貼ったつまようじをさす。

**ピックデコシール
フルーツ・帽子＆リボン・バースデー**
ラクに貼れる"センター折り目"付きのシール。同柄3シート入り。

ふわふわの食感が口いっぱいに広がる
ベリーのクレームダンジュ

10 min.
調理時間
※水気をきる時間を除く

ヨードリップ
濃厚クリーミーなヨーグルトが作れるグッズ。市販のコーヒーフィルター(小)をセットし、ヨーグルトを入れる。青いフタをして冷蔵庫で一晩おくとクリーミーな水切りヨーグルトとホエー(乳清)に分離する。

材料(2人分)
プレーンヨーグルト …… 200g
生クリーム …… 50㎖
砂糖 …… 大さじ2
イチゴジャム …… 大さじ2

作り方

1 ヨーグルトは「ヨードリップ」(a)に入れて冷蔵庫で一晩おき、半量(100g)になるくらいまで水気を切る。

2 生クリームは「粉もの専用スライド式計量スプーン」(b)を使って砂糖を加え、角が立つまで泡立て、1に加えて混ぜ合わせる。

3 器に2を盛り、イチゴジャムをのせる。

a 「ヨードリップ」にコーヒーフィルター(小)をセットして器の上にのせ、ヨーグルトを入れる。

b 「粉もの専用スライド式計量スプーン」は、スライド部を各目盛りに合わせるとスプーンの容量が変化し、粉を必要な分量だけすくえる。

もみもみするだけでできる
イチゴのスムージー

器：キャップ付きストローカップ

調理時間

1 子どもが喜ぶ笑顔のごはん

手もみジューサー
フルーツと牛乳を入れてもみもみするだけ！食感が楽しめるもみジュースが作れるシリコン製の袋。

材料（1人分）
イチゴ …… 100g
牛乳 …… 200㎖
練乳 …… 大さじ1

作り方

1 イチゴはヘタを取り、「手もみジューサー」(a)に入れて手でもむ。
2 牛乳50㎖と練乳を加えてさらにもむ。
3 2を器に入れ、残りの牛乳を加えて混ぜる。

a 「手もみジューサー」の口をねじり、片手でしっかり閉じて持ち、よくもむ。

1 子どもが喜ぶ笑顔のごはん

a 「3Dクッキー押し出し器」に押し出し口をセットし、生地を入れて押し出す。

3Dクッキー押し出し器
立体クッキーが簡単に作れるグッズ。ハート、絞り出し、波形、星形の4タイプの押し出し口がついている。

材料（作りやすい分量）
バター（食塩不使用）…… 85g
粉砂糖 …… 30g
卵白 …… 大さじ1（約16g）
薄力粉 …… 100g

作り方

1 バターは室温に戻して泡立て器で混ぜ、粉砂糖を2～3回に分けて加えて混ぜ合わせ、卵白を加えてさらに混ぜる。

2 ふるった薄力粉を加えてゴムベラでさっくりと混ぜ合わせる。

3 2を「3Dクッキー押し出し器」（a）に入れ、オーブンシートを敷いた天板の上に好きな形に押し出す。

4 180℃に温めたオーブンで12分焼く。

※イチゴパウダーやココアパウダーなどで色を変えたり、アラザンなどのトッピングでカラフルに。

チョコレートバナナパフェ

10 min.
調理時間
※器を凍らせる時間を除く

a 「ゆきポン 氷のうつわ」の目安ラインまで水を入れて、フタを上からゆっくりとはめ込み、水平の状態で冷凍庫へ入れる。

b 「ふりふりクリームメーカー」に生クリームを入れてふるだけでホイップクリームができ、そのまま絞り出せる。好みで砂糖大さじ1を加えても。

材料（1個分）
バニラアイスクリーム …… 200g
バナナ …… 1本
チョコレートソース …… 大さじ2
生クリーム …… 100㎖
アーモンドスライス …… 10g
さくらんぼ …… 1個

作り方

1 「ゆきポン 氷のうつわ」(a)に水を入れ、冷凍庫で一晩凍らせる。

2 バナナは斜めに切る。生クリームは「ふりふりクリームメーカー」(b)に入れて泡立てる。

3 1でできた氷のうつわにバニラアイスとバナナを盛り、生クリームを絞り出す。アーモンドスライスとさくらんぼを飾り、チョコレートソースをかける。

ゆきポン 氷のうつわ
器の形になる製氷トレー。デザートはもちろん、サラダやお造り、そうめんなどの器にも。

サイダーのシュワシュワがのどごしにいい
フルーツポンチ
器：トロピカルカップ

調理時間 5 min.

材料(2人分)
パイナップル …… 100g
マンゴー …… 100g
キウイ …… 1個
ブルーベリー …… 30g
サイダー(加糖) …… 300㎖

作り方

1 パイナップル、マンゴー、キウイは食べやすい大きさに切る。
2 1とブルーベリーを器に入れ、サイダーを注ぐ。好みでストローをさす。

トロピカルカップ
南国の雰囲気が漂う、ストロー用のさし穴付きのパイナップル形カップ。フタは裏返せば器として使える。

バナナにチョコレートをかけてトッピング
バナナの剣

10 min.
調理時間

a バナナを「カッティングペアボード」の上に置き、子どもも安心して使える「手が切れないツリーナイフ」で半分に切る。

b 切ったバナナをさすだけの「バナナの剣」。食べるときに手も汚れない。

材料（作りやすい分量）
バナナ …… 1本
ミルクチョコレート …… 50g
ホワイトチョコレート …… 50g
チョコペン（ミルク、ピンク）…… 各1本
アラザン、ドライフランボワーズ …… 各適量

作り方

1 バナナは皮をむいて「カッティングペアボード」(a)の上に置き、「手が切れないツリーナイフ」(a)を使って半分に切る。

2 ミルクチョコレートとホワイトチョコレートはそれぞれ刻んで耐熱ボウルに入れ、ラップをかけて600Wの電子レンジで1分加熱し、混ぜて溶かす。チョコペンは熱湯に入れて溶かす。

3 「バナナの剣」(b)にバナナをさし、2のチョコレートをかけて、チョコペン、アラザン、ドライフランボワーズで飾りをつける。

バナナの剣
剣形ピックで、凍らせてアイスフルーツなどにもできる。

おいしくてきれいなフルーツの宝石
イチゴの指輪

5 min.
調理時間

イチゴの指輪
フルーツにさすとかわいい指輪のようになるピック。ハート形、ダイヤ形、スター形の3個が入っている。

a イチゴのヘタを取った部分に「イチゴの指輪」をさす。

材料（作りやすい分量）
イチゴ …… 3個
A｜粉砂糖 …… 40g
　｜レモン汁 …… 小さじ1
アラザン …… 適量

作り方

1 Aをボウルに入れて混ぜ合わせる。
2 イチゴはヘタを取り、「イチゴの指輪」(a)にさして1につけ、アラザンを飾る。

「おうちごはん」のママがおすすめ！
暮らしが楽しくなる便利グッズ

食卓を楽しくするさまざまな情報を発信する「おうちごはん」。おうち大好き！お料理大好き！で、普段の生活を大切にしている「おうちごはん」の4名の会員さんが、実際に使っていて「コレは便利！」と太鼓判を押すグッズを紹介します。

goods1
スムーズお玉
とにかく持ちやすくて使いやすい 色がわいいところもgood！

東京都
遠山春菜さん
haruna.t8m

注ぎ口付きなので注ぎやすく、こぼさずに使えるので、鍋が多くなる季節に大活躍でした。また、鍋に滑り落ちないストッパーが付いているのがすごくいい！鍋に入れていてもドボンと沈みません。耐熱温度が170℃なので安心して使えました。

注ぎ口付きで注ぎやすく、スープをこぼさずに注げる。鍋底もしっかりすくえる。

goods2
直ぬりバタースティック
忙しい朝にうれしい時短！ まわすと出てきて手も汚れません

朝ごはんの食卓に仲間入りしたグッズです。毎朝バターを小皿に取り分ける手間が省け、冷蔵庫からそのままテーブルにポンと置くだけなのでとてもラクになって、しかも時短に！スティックのりのようにまわすと出てくるのでとても便利です。

スティックのりのようにバターが塗れる便利グッズ。バターを四角にカットして入れ、セットする。

goods3
ふわとろ洗顔ブラシ
キメの細かい泡がすぐにでき、 肌の細部まで洗える感じがします

まず、とても細かい泡ができ、キメの細かさに驚きました。毛穴の汚れや角質が取れる感じを肌に感じました。洗顔料でぬるっとしてすべってしまいそうなイメージでしたが、まったくそんなことはなく、しっかり持てて使いやすいと思いました。

素肌に心地いい凹凸ブラシが超先細繊維30万本。ふわとろの泡が作れ、毛穴汚れや古い角質除去に役立つ。

鎌田あすかさん
ponhome2018

goods1
ゆきポン 氷のうつわ
ホームパーティーで大活躍!
チョコを流し入れたアイデアも大成功

ホームパーティーの際、いつも似たような盛り付けになってしまうので挑戦しました。サラダや前菜を盛り付けても涼しげですし、フルーツやサングリアなども楽しめました。氷を作る商品ですが、チョコレートを固めた器にもしてみました。器の中にチョコレートムースを流し込み、器ごと食べられる夢のスイーツが完成。バレンタインにも活躍しそうです。

器の形になる製氷トレー。デザートはもちろん、サラダやお造り、そうめんなどの器にも。

goods2
ハムカッター
おべんとうを華やかにする救世主!
アイデアしだいでいろんな食材に使えます

ハムにハムカッターを押し付けて切れ目を入れ、くるっと巻くだけでかわいい花ができる。

デコ弁が苦手で今まで地味弁を作り続けていました。この商品を見つけて早速挑戦。簡単に切り抜きができ、あっという間にお花になりました。驚きです! その後、さまざまな素材で試しました。ハムはもちろん、薄焼き卵、餃子の皮なども可能でした。

goods3
コットンガーゼ ベビータオル
汚れをからめとるのに
お肌にやさしいから赤ちゃんにも安心です

生後2カ月の娘のお風呂の際に使用しました。赤ちゃんは汗っかきなので、毎日しっかり洗ってあげたいもの。しかし、肌が弱いので、ゴシゴシするのは避けたいところです。汚れをからめとるこの素材は、肌をやさしく洗い上げるので赤ちゃんにも安心でした。頭をすっぽりと覆えるくらいの大きさがあるので、頭を洗う際にも使いやすかったです。

表面が平織り、裏面がウェーブ織りのダブル構造。やわらかコットン100%でデリケートな赤ちゃんの肌もやさしく洗う。今治産。

東京都
広瀬彩理さん
sairi_table

goods1
くるりんカッター
**くるりんスタイルがとってもかわいい！
食卓のアクセントになります**

お野菜にさし込んでまわすだけで、くるくるしたかわいいお野菜になりました！いつもの盛り付けに遊びが加わってすごく楽しい食卓になります。おすすめの野菜はいも類、きゅうり、大根。スムーズにくるりんスタイルになります。にんじんにさし込むと、にんじんにヒビが入って長くつながったくるりんができにくいかもです。りんごなど実が固めのフルーツもくるりんしやすかったです。

野菜にさして片手でハンドルをまわすだけで、簡単にらせん状にスライスできる。

goods2
花卵コロン
**みんなを笑顔にさせるスマイル卵を
転がすだけで作れて感動します**

ゆで卵を上にのせて転がすだけでかわいい飾り切りが私にもできました。目と口になる部分をマークできる穴あけ機能もついているので、白身にかわいい顔をつけることもできます。目にはごまを、口には煮物のにんじんをさし込んでスマイル卵を作ったら、70代の母も「かわいいわね！」と口に負けないスマイルになりました。転がすだけで笑顔があふれる素敵なグッズに感謝です！

ゆで卵を飾り切りするグッズ。コロコロ転がすだけでゆで卵がかわいい形に。

goods3
薬用バーデンタブ
**お風呂からあがってもぽかぽかが持続
体の芯から温まるのを実感できます**

お湯に溶かすとぷくぷく〜っと心地いい泡が出てきて、その泡を見ながら温まるバスタイムがとっても幸せです。お風呂からあがっても冷えにくく、体の芯から温まったことを実感します。ぽかぽかとした温かさは体だけでなく気持ちもほっこりして、お風呂に入るのが楽しみでしかたなくなりました。お湯に溶かし終わって泡が消えてからも効果が持続するみたいで、時間差で入る家族にもぽかぽか効果を楽しんでもらえるのもうれしいです。

白いタブレット状の重炭酸入浴剤。お湯に溶かすと炭酸ガスと重炭酸イオンが発生。保温・保湿効果に優れ、体の芯までしっかり温める。ローズの香り・無香・ゆずの香りの3種類。

goods1
デコ盛りしゃもじ
カフェみたいなごはんが食べたい！のリクエストに簡単に応えられます

埼玉県
竹沢奈穂子さん

学校がお休みの日など、子どもたちの希望で、ワンプレートのブランチやランチを作ることが多い我が家。「今日は○○カフェみたいなごはんが食べたい！」などリクエストも度々。それで活躍するのが「デコ盛りしゃもじ」です。ごはんを押し出すときは、しゃもじの底がバネのようにバウンドするつくりになっていて、片手でプッシュするだけでお皿に丸いごはんが盛り付けできます。「ごはんの形が丸くてかわいい！」「量がちょうどいい！」と、子どもたちにも大好評です。

ごはんを片手で簡単に丸く盛り付けられる。押し出すときは中央を軽く押せばOK。

goods2
ふりふりクリームメーカー
おっくうだったホイップクリーム作りが今は楽しくてしかたありません

自宅でよくパンケーキやパフェなどを作りますが、毎回ハンドミキサーを出して生クリームを泡立てることがおっくうに感じていました。この「ふりふりクリームメーカー」を知ってからはそんな気持ちはどこかに飛んでいきました！容器をふるだけでおいしいホイップクリームができるのですから。子どもたちも率先してふりふりしたがります。必要な分だけ作れるし、洗いものも少なくて済むところも気に入っています。

生クリームを入れてふるだけで簡単に泡立ててホイップクリームを作れて、そのまま絞り出せる。

goods3
PH伸縮バスタオルハンガー
長年の悩みを解消してくれたグッズ コンパクトだから室内干しでも邪魔になりません

スポーツをやっている息子がいるので、帰って来るとお風呂へ直行。使ったバスタオルを翌朝のお洗濯まで置いておくのは嫌だなぁと思っていたのを解消してくれたアイテムです。夕方にバスタオルだけお洗濯し、このハンガーに掛けて干します。かさばらないから室内に掛けても邪魔にならなくて◎。ハンドタオルやフェイスタオルサイズのときは、幅を縮めて、バスタオルのときには広げて……と、用途に応じて幅を変えられるのは本当に便利です。

通常40cm幅のハンガーのスライドアームを広げ、65cm幅のバスタオルが2枚同時に干せる。

Chapter 2

簡単でおいしい！
家族みんなが
うれしくなる毎日ごはん

くるくるした形のフライドポテトは子どもが大喜び。
えびとブロッコリーのアヒージョは
おつまみにぴったりとパパがニヤニヤ。
グッズを使って簡単に、そしておいしさ炸裂のレシピです。
作っているほうもなんだか楽しくなってくる
しあわせごはん16品。

レンチンで蒸しただけでうまみが凝縮！
鶏もも肉と野菜のレンジ蒸し

10 min.
調理時間

クックコンテナ
フタ、コランダー、バットのセットで電子レンジの使用可。コランダーはウェーブメッシュ底ですばやく水切ができ、余分な油も落ちやすい。

a 切った材料を「クックコンテナ」に入れて塩とこしょうをふる。フタをかぶせて電子レンジへ。

材料（2人分）
鶏もも肉 …… 1枚
パプリカ（赤・黄）…… 各1/2個
ブロッコリー …… 1/2個
グリーンアスパラガス …… 3本
塩 …… 小さじ1/4
こしょう …… 少々
ポン酢 …… 大さじ2

作り方

1. 鶏肉は余分な脂を取り除き、一口大に切る。パプリカは種とワタを取り除き、乱切りにする。ブロッコリーは小房に分ける。アスパラガスは根元を落とし、固い部分の皮をむいて5cm長さに切る。
2. 「クックコンテナ」(a)に1を入れて塩とこしょうをふり、フタをかぶせて600Wの電子レンジで5分加熱する。ポン酢を添える。

ミートソース味のポテトグラタン
アッシ・パルマンティエ

25 min.
調理時間

a　ラップがわりに使える「かぶせて！フタチン」は、レンジの加熱や食品の保存に何度でも使える。

b　少量の調理にも便利なコンパクトタイプの「プッシュマッシャー」できれいにラクにつぶせる。

材料（2人分）

玉ねぎ …… 1/2個
マッシュルーム …… 4個
合挽き肉 …… 300g
塩 …… 小さじ1/2
オリーブ油 …… 大さじ1
じゃがいも …… 2個（300g）
A｜牛乳 …… 大さじ4
　｜塩 …… 小さじ1/4
ピザ用チーズ …… 40g

作り方

1　玉ねぎとマッシュルームはみじん切りにする。
2　フライパンにオリーブ油を熱し、1を入れて中火でしんなりするまで炒める。合挽き肉を加えて色が変わるまで炒め、塩で味を調える。
3　じゃがいもは皮をむいて3mm幅のいちょう切りにし、耐熱ボウルに入れて「かぶせて！フタチン」（a）をかぶせ、5分加熱する。熱いうちに「プッシュマッシャー」（b）でつぶし、Aを加えてよく混ぜる。
4　耐熱容器に2を入れ、3とピザ用チーズをのせ、オーブントースターで焼き色がつくまで5分ほど焼く。

プッシュマッシャー
穴の部分はきれいにつぶせるシトラス形状。持ちやすいストレートハンドル。耐熱温度180℃。

小麦粉でよくたれがなじんだ
豚の生姜焼き

小麦粉ふりふりストッカー
小麦粉などをふりかけるのに使えて、収納もできる容器。必要な分だけ片手でさっとふりかけられるからムダがない。

材料(2人分)
豚ロース薄切り肉 …… 8枚(250g)
小麦粉 …… 大さじ2程度
A | しょうゆ …… 大さじ2
　| みりん …… 大さじ2
　| 砂糖 …… 大さじ1
　| しょうがのすりおろし …… 小さじ2
サラダ油 …… 大さじ1
キャベツ・紫キャベツのせん切り …… 適量

作り方

1. 豚肉は筋を切り、「小麦粉ふりふりストッカー」(a)で両面に小麦粉をふる。
2. フライパンにサラダ油を熱し、「立つちょこっトング」(b)で1をつまんで入れ、フライ返しなどを使って中火で両面に焼き色がつくまで焼く。
3. 混ぜ合わせたAを加え、全体にからめる。
4. 器に盛り、キャベツを添える。

a 「小麦粉ふりふりストッカー」を使えば、中フタのメッシュにより、均等にきれいにふりかけられる。

b 「立つちょこっトング」はちょこっと手づかみ感覚でつまめるトング(耐熱温度80℃)。別のフライ返しなどでひっくり返しながら焼く。

ふるだけでできるドレッシングもお手製で
アボカドとえびのサラダ

簡単でおいしい！家族みんながうれしくなる毎日ごはん 2

a アボカドの断面に「アボカドスライサー」をあてて引くだけできれいに6等分にカットできる。

b 「ハンドル付きボウル&コランダー」をたなかにえびを入れて洗い、ハンドルを持ってコランダーをあげて水を切る。

c 材料を「ふりふりドレッシング」に入れてふるだけでドレッシングができあがる。

材料（2人分）
- アボカド …… 1個
- プチトマト …… 6個
- グリーンリーフレタス …… 4枚
- えび（無頭・殻付き）…… 8尾
- A オリーブ油 …… 大さじ4
  - 酢 …… 大さじ2
  - 粒マスタード …… 大さじ2
  - 塩 …… 小さじ1/2
  - こしょう …… 少々

作り方

1. アボカドは半分に切って種を除き、「アボカドスライサー」(a)で6等分に切る。プチトマトはヘタを除き、半分に切る。グリーンリーフレタスは手で食べやすい大きさにちぎる。
2. えびは殻をむいて背ワタを取り、片栗粉適量（分量外）をまぶして「ハンドル付きボウル&コランダー」(b)に入れて洗う。鍋に湯を沸かし、えびを入れて色が変わるまでゆでる。
3. 「ふりふりドレッシング」(c)にAを入れ、乳化するまでよくふる。
4. 器に1と2を盛り、3をかける。

アボカドスライサー
アボカドを一度で6等分できるスライサー。

まろやかなポタージュに砕いたポテチでアクセント

かぼちゃのポタージュ

15 min.
調理時間

a 電子レンジで加熱したかぼちゃなので「プッシュマッシャー」で簡単につぶせる。

b 「スムーズお玉」は鍋底もしっかりすくえて、注ぎやすい形状のお玉。

c 「スムーズお玉」は鍋などに掛けられるストッパー付き。

d 「ふりふりチップス」はポテトチップスを入れて容器をまわすと、砕けたチップスが出てくる。

材料（2人分）
かぼちゃ …… 1/4個（種を除いて約450g）
A｜牛乳 …… 300㎖
　｜塩 …… 小さじ1/2
市販のポテトチップス …… 4〜5枚

作り方
1. かぼちゃは種とワタを除き、ラップで包んで600Wの電子レンジで6分加熱する。皮を除いて鍋に入れ、「プッシュマッシャー」(a)でつぶしながらAを少しずつ加える。
2. 1を中火にかけて温める。
3. 2を「スムーズお玉」(b,c)で器に注ぎ入れ、「ふりふりチップス」(d)で砕いたポテトチップスをのせる。

ふりふりチップス
ポテトチップスなどのお菓子を細かく砕いてふりかけに。クラッカー、コーンフレーク、ビスケット、クッキーなどもおすすめ。

柚子の香りでさわやかに
豚肉ときのこの柚子そば

a 少量でも使いやすい「薬味すりすりベーラ」でしょうがをすりおろす。

b 柚子やオレンジなどの柑橘系の皮を簡単に削ることができる「シトラス皮削り」。

c 鍋やボウルにあてるだけで簡単に水切りができる「ポットドレイナー」。

2 簡単でおいしい！家族みんなが うれしくなる毎日ごはん

材料（2人分）
しめじ …… 1/2袋
しいたけ …… 2枚
しょうが …… 1片
豚こま切れ肉 …… 150g
A｜しょうゆ …… 大さじ3
　｜酒 …… 大さじ3
　｜砂糖 …… 大さじ2
　｜水 …… 300㎖
そば …… 2玉
柚子の皮 …… 適量
ごま油 …… 大さじ1

作り方

1 しめじは根元を落とし、小房に分ける。しいたけは石づきを落とし、薄切りにする。しょうがは「薬味すりすりベーラ」(a)ですりおろす。

2 柚子は「シトラス皮削り」(b)で皮を削る。

3 鍋にごま油を熱し、豚肉を入れて中火で色が変わるまで炒める。しめじ、しいたけ、しょうがを加えてしんなりするまで炒め、Aを加えて煮立てる。

4 別の鍋にたっぷりの湯を沸かしてそばを袋の表示時間通りにゆで、「ポットドレイナー」(c)で水気を切る。

5 器に4のそばを入れ、3を注ぎ、柚子の皮をちらす。

薬味すりすりベーラ
薬味用のすりおろしヘラ。側面で薄皮もむける。長さ15cm×幅5cmのミニサイズ。

なめらかでコクのある抜群のおいしさ

ベーコンとマッシュルームのクリームパスタ

15 min.
調理時間

a スパゲッティ1人前が量れる穴付きの「キャッチ麺サーバー」で分量を量る。

b 麺がからみやすい形状をしている「キャッチ麺サーバー」。

c 「ドライキャニスター」のフタ部分にはドライポケットがあり、そのなかに乾燥剤や珪藻土を利用した湿気取りを入れることができる。

2 簡単でおいしい！家族みんながうれしくなる毎日ごはん

材料（2人分）
マッシュルーム …… 6個
厚切りベーコン …… 100g
スパゲッティ …… 160g
A│生クリーム …… 150㎖
　│塩 …… 小さじ1/2
すりおろしチーズ …… 大さじ2
黒こしょう …… 少々
バター …… 20g

キャッチ麺サーバー
麺がからみやすく、しっかりキャッチ。スパゲッティやうどんが簡単にすくえる。パスタ1人前を量る穴、ストッパー付き。耐熱温度は170℃。

作り方

1 マッシュルームは石づきを落として薄切りにする。ベーコンは食べやすい大きさに切る。

2 鍋にたっぷりの熱湯を沸かし、塩適量（分量外）を加えてスパゲッティを「キャッチ麺サーバー」(a)で分量を量って入れ、袋の表示時間通りにゆでる。

3 フライパンにバターを熱し、1を入れて中火でしんなりするまで炒める。Aを加えて煮立て、2を「キャッチ麺サーバー」(b)で加えて混ぜる。

4 器に盛り、すりおろしチーズをのせ、黒こしょうをふる。

※余ったスパゲッティは「ドライキャニスター」(c)に入れて保存する。

「また作って」と言われること間違いナシ！
オムライス

15 min.
調理時間

a 炒める、すくう、盛り付けるがスムーズにできる「スクープターナー」で混ぜながら炒める。

b 混ぜる部分がシャープで卵をきりながら混ぜられる「ちょい混ぜマドラー」。

c 「サイドターナー」で横からすくって手首をひねって、卵を半分に折る。

簡単でおいしい！家族みんなが うれしくなる毎日ごはん 2

材料（1人分）
鶏もも肉 …… 100g
玉ねぎ …… 1/4個
ケチャップ …… 大さじ2
ごはん …… 100g
サラダ油 …… 大さじ2

A｜卵 …… 2個
　｜牛乳 …… 大さじ2
　｜塩 …… 小さじ1/4

作り方
1 鶏肉は余分な脂を取り除き、2cm角に切る。玉ねぎはみじん切りにする。
2 フライパンにサラダ油の半量を熱し、1を入れて中火で肉の色が変わるまで炒める。ケチャップを加えてさっと炒め、ごはんを加えて「スクープターナー」(a)を使って混ぜながら炒め、バットなどに取り出す。
3 フライパンを洗い、残りのサラダ油を熱し、「ちょい混ぜマドラー」(b)を使って混ぜ合わせたAを流し入れ、中火で加熱し、半熟状態になったら2をのせて「サイドターナー」(c)で卵を半分に折る。
4 器に盛り、ケチャップを適量（分量外）かける。

サイドターナー
横からすくってスムーズに返せるターナー。具材の下にすっと入り、フライパンの上でカットするのにも便利。耐熱温度は190℃。

子どもが好きなコーンも入れて彩りよく
マカロニサラダ

調理時間 10 min.

スピード穴あきお玉
ザル感覚で使えるお玉。スピーディーに汁切りしながらすくえる。鍋底や角もすくいやすい形。ストッパー付き。耐熱温度は160℃。

材料（4人分）
マカロニ …… 50g
きゅうり …… 1本
塩 …… 少々
ハム …… 4枚
ゆで卵 …… 1個
コーン（缶詰）…… 100g

A｜マヨネーズ …… 大さじ2
　｜牛乳 …… 大さじ1
　｜塩 …… 小さじ1/4
　｜黒こしょう …… 少々

作り方

1　マカロニは塩適量（分量外）を加えた熱湯で袋の表示時間通りにゆで、「スピード穴あきお玉」（a）で取り出す。

2　きゅうりは輪切りにして「手もみクッキング」（b）に入れ、塩を加えてもみ、水気をしぼる。ハムは細切りに、ゆで卵は粗みじん切りにする。コーンは「穴あきスプーン＆ピック」（c）で取り出して水気を切る。

3　ボウルに1と2を入れ、Aを加えて混ぜ合わせる。

a 「スピード穴あきお玉」でマカロニをすくえば、同時に汁切りもできる。

b 「手もみクッキング」は料理の下ごしらえに食材を手もみする、シリコーンゴム製の袋。内面に小さなピラミッド状の突起が226個あり、つぶしやすくなっている。

c 穴あきスプーンとピックが一体化した「穴あきスプーン＆ピック」。ピックはスプーンのハンドルにぴったり収まりコンパクトサイズ。

子どもはもちろんおとなだって食べたい！
えびとブロッコリーのアヒージョ

10 min.
調理時間

バルブ付フードコンテナ
920㎖
フタに空気穴のバルブ付きなので、フタをしたまま電子レンジOK。もう1つのサイズ（p67）と積み重ねて収納できる保存容器。

材料（2人分）
えび（無頭・殻付き）…… 8尾
ブロッコリー …… 1/2個
にんにく …… 2片
A｜オリーブ油 …… 大さじ4
　｜塩 …… 小さじ1/2

作り方

1 えびは殻をむいて背ワタを取る。ブロッコリーは小房に分ける。にんにくは薄切りにする。
2 「バルブ付フードコンテナ920㎖」(a)に1とAを入れ、フタをしてバルブを開け、600Wの電子レンジで3分加熱する。
※保存期間は冷蔵4〜5日、冷凍2〜3週間。

a 「バルブ付フードコンテナ920㎖」に材料とAを入れ、フタをしてバルブを開け、電子レンジで加熱する。

紫キャベツとオリーブのマリネ

a 片面がスプーンで丸いものがつかみやすく、もう片面がスリット入りで汁切りもできる「スプーントング」。

b 「バルブ付フードコンテナ440mℓ」に材料を入れ、フタをしてバルブを開け、電子レンジで加熱する。

簡単でおいしい！家族みんながうれしくなる毎日ごはん 2

材料（2人分）
紫キャベツ …… 100g
ブラックオリーブ（種抜き）…… 4個
A ┌ オリーブ油 …… 大さじ1
　├ 酢 …… 大さじ1/2
　├ 塩 …… 小さじ1/4
　└ こしょう …… 少々

作り方

1 紫キャベツはせん切りにする。オリーブは「スプーントング」(a)で取り出して輪切りにする。

2 「バルブ付フードコンテナ440mℓ」(b)に1を入れ、フタをしてバルブを開け、600Wの電子レンジで2分加熱する。

3 フタを開け、混ぜ合わせたAを加えて混ぜる。

※保存期間は冷蔵4〜5日。

バルブ付フードコンテナ 440mℓ
フタに空気穴のバルブ付きなので、フタをしたまま電子レンジOK。もう1つのタイプ（p65）と積み重ねて収納できる保存容器。

大好きポテトがユニークな形でもっと大好きに!!
トルネードポテト

くるりんカッター
野菜をらせん状にスライスするグッズ。野菜にさして片手でハンドルをまわすだけで簡単にカットできる。

材料(4人分)
じゃがいも …… 小(直径4〜5cm)4個
塩 …… 小さじ1/2
ドライパセリ …… 少々
揚げ油 …… 適量

作り方

1 じゃがいもは「野さしい菜ブラシ にんじん型」(**a**)で洗って目を取り除き、「くるりんカッター」(**b**)をさしてハンドルをまわし、らせん状に切り、竹串にさす。

2 鍋に油を入れて180℃に熱し、1を入れてきつね色になるまで揚げる。

3 器に盛り、塩とドライパセリをふる。

a 根菜をゴシゴシ洗える「野さしい菜ブラシ にんじん型」は、ぎゅっとカーブするから洗いやすい。

b じゃがいもの中心に「くるりんカッター」のねじ部分をさし、片手でハンドルをまわし、くるくるとらせん状にカットする。

きれいな切り口の卵にうっとり
ウフマヨネーズ

花卵コロン
ゆで卵を飾り切りするお料理グッズ。コロコロ転がすだけでゆで卵がお花に変身。

材料(2個分)
卵 …… 2個
マヨネーズ …… 大さじ2
ブラックオリーブ(種抜き) …… 1個
セルフィーユ …… 適量

作り方

1 水を入れた鍋に、卵をそっと入れ、沸騰後11〜12分ゆでる。
2 冷水にとり、殻をむいて「花卵コロン」(a)で白身を半分に切り、黄身を取り出す。
3 黄身をボウルに入れ、マヨネーズを加えて混ぜ、絞り出し袋に入れる。
4 白身に3を絞り出し、輪切りにしたオリーブとセルフィーユを飾る。

2 簡単でおいしい！家族みんながうれしくなる毎日ごはん

a 「花卵コロン」の端にゆで卵を置いて転がし、1周したらゆっくりはずす。

お店みたいなきれいなトッピングでおいしさも倍増！
広島風お好み焼き

材料（2人分）

- A｜薄力粉 …… 大さじ4
- 　｜水 …… 大さじ4
- キャベツ …… 100g
- もやし …… 100g
- 豚バラ薄切り肉 …… 100g
- 焼きそば麺 …… 1玉
- 卵 …… 2個
- かつお節 …… 3g
- 天かす …… 大さじ2
- マヨネーズ、お好みソース、青のり …… 各適量

作り方

1. ボウルにAを入れ、泡立て器でよく混ぜ合わせる。
2. キャベツはせん切りにする。
3. ホットプレート、またはフライパンにお玉1杯分の1の生地を広げる。かつお節、キャベツ、天かす、もやし、豚肉をのせ、生地を少量かけ、ひっくり返し、端に寄せる。
4. 焼きそば麺を加えてほぐし、お好みソースを大さじ1程度かけて炒め、3を麺の上にのせる。
5. 空いた部分に卵を割り入れ、混ぜながら広げ、4をのせる。卵が焼けたらひっくり返し、お好みソース、「マヨジョーズ」(a)を使ってマヨネーズ、青のりをかける。

マヨジョーズ
マヨネーズが3本ラインで綺麗に絞れる。市販のマヨネーズの中身を本品に詰めて使用。

a 市販のマヨネーズを「マヨジョーズ」に詰めてお好み焼きの上にかける。残ったマヨネーズはフタをしてそのまま保存できる。

> 2　簡単でおいしい！家族みんながうれしくなる毎日ごはん

塩気とコクが絶妙の人気むすび

ランチョンミートむすび

a 「ランチョンミートスライサー」の上にランチョンミートを置き、金具をおろすだけで、スパッと簡単に切れる。

b 「ランチョンミートむすびメーカー」にごはんを入れ、押し具で型押しする。

c ケースをはずすときれいな楕円形のおにぎりのできあがり。

材料(2人分)
ランチョンミート …… 4cm
サラダ油 …… 大さじ1と1/3
ごはん …… 300g
A|卵 …… 2個
 |牛乳 …… 大さじ1
 |砂糖 …… 小さじ1
 |塩 …… 少々
サラダ油 …… 小さじ1
焼きのり …… 1枚

作り方

1 ランチョンミートは「ランチョンミートスライサー」(a)で8mm厚さに切る。フライパンにサラダ油大さじ1を熱し、中火で両面に焼き色がつくまで焼く。

2 ボウルにAを入れて混ぜ、サラダ油大さじ1/3を熱した卵焼き器に入れ、中火で焼き、半熟状になったら半分に折る。

3 「ランチョンミートむすびメーカー」(b,c)にごはんの1/4量を入れ、押し具で型押しし、ケースをはずして楕円形のおにぎりを作る。4等分に切った2と1をのせる。

4 のりを2cm幅に切り、3に巻く。残りも同様に作る。

ランチョンミートスライサー
約8mm間隔のステンレス製ワイヤーをおろすだけで一度に最大11等分できる、ランチョンミート専用のスライサー。

なみなみのソーセージがかわいくておいしい！

アスパラと魚肉ソーセージのソテー

a 魚肉ソーセージの上から「なみなみスライス」を押し付けると波型に切れる。

b アスパラガスなどの長い野菜もすっぽり入る「長ザル&ボウルセット」。せまいところに置けるうえに重ねられるので、空間を有効に使える。

簡単でおいしい！家族みんながうれしくなる毎日ごはん

材料（2人分）
魚肉ソーセージ …… 2本
グリーンアスパラガス …… 3本
にんにく …… 1片
塩、こしょう …… 各少々
オリーブ油 …… 大さじ1

作り方

1 魚肉ソーセージは「なみなみスライス」(a) で切る。アスパラガスは「長ザル&ボウルセット」(b) を使って洗い、根元を落とし、固い部分の皮をむいて5cm長さに切る。にんにくはみじん切りにする。

2 フライパンにオリーブ油を熱し、にんにくを入れて弱火で香りが出るまで炒める。魚肉ソーセージとアスパラガスを加えて中火で焼き色がつくまで炒め、塩とこしょうで味を調える。

なみなみスライス
魚肉ソーセージに押すだけでかわいくカットできるお料理グッズ。味がなじみやすい、なみなみ形の切り口ができる。

COLUMN

暮らしに役立つ便利グッズ 1

バームアイス
水筒、ステンレスボトルに最適なバームクーヘン型の製氷器。ウェーブ状になっているのでドリンクにふれる表面積が広くなり、冷却効率がアップする。

ゆきポン ファミリーズ・ブラザーズ
ファミリーズは雪だるまの親子、ブラザーズは雪だるまの兄弟のかわいい氷が作れる製氷器。ジュースやシャーベットのもとを入れてもOK！

ふりふり 青汁シェイカー
粉末タイプの青汁に水などを加えてシェイクする専用容器。ふるだけで簡単、しっかり溶けてのどごしなめらかな青汁を作ることができる。

ゆきポン プチまる氷・デカまる氷
きれいなまん丸の氷が作れる製氷器。一度沸騰させて冷ました水を使うと、より透明感のある氷ができる。

長ザル・長ボウル
アスパラやきゅうりなどの長い野菜がすっぽり収まるザルとボウル。食材を入れたまま45度または90度の角度で重ねられる。

まな板シート
厚さ0.55mmの薄くて軽いまな板シート。洗って繰り返し使える。キャンプなどのアウトドアにも便利。

フタックル
袋の口にはめるだけでフタになり、袋が容器に変身！ゴムやクリップを使わなくても簡単に開け閉めできる。湿気から中身を守り、ニオイ移りも防ぐ。

伸縮式ボトル洗いスポンジ

グリップの長さを用途に合わせて8cm伸縮可能。ワンタッチで2段階に調節できるスポンジ。この1本で普通のコップから深い水筒まで幅広く洗える。

HAUSフルーツバスケット
底上げ構造で通気性がよく、果物の傷みを防いでバランスよく盛り付けられる。食品ばかりでなく、小物の整理などに使っても様になる。

食洗機用小物洗いバスケット

食洗機の水圧で飛ばされやすい、小さくて軽い小物（シリコーンカップ、ランチ小物、抜き型、調理用小物など）をひとまとめにして洗えるかご。

CLIPO（クリポ）BIG
袋物の食品の保存や、書類・メモなどの紙をはさんでおくのに便利なクリップ。つまみやすく、強力クリップでしっかり閉じる。幅約15cm。

CLIPO（クリポ）mini 2個入
「CLIPO（クリポ）」のミニタイプで幅約7cm。

プッシュクリップ
パン、お菓子、冷凍食品などの開封後の袋の保存に便利なクリップ。開封した袋の口をワンプッシュで簡単に開け閉めができる。

HAUSグラス＆マグ水切りトレイ
カウンターやシンクの奥に置ける、省スペースなスリムタイプ。

HAUSキッチンツールスタンド

スタンドの中に仕切り付き。ツールごとに仕分けてすっきりと収納できる。

HAUSコランダー＆ボウルセット
ザルの下に重ねたボウルにナッツやフルーツなどの殻や種を捨てられる便利なセット。

Hello Kitty炭の脱臭剤
冷蔵庫用150g
炭番 冷蔵庫用150g
炭の力で冷蔵庫内のイヤなニオイをすっきりさせる脱臭剤。

Chapter 3

残さずに
食べてもらいたい
おべんとう

パンダやサッカーボールの包みのおにぎり、
宇宙人のウィンナー、お花のようなハム……。
料理グッズを利用して作った
子ども用のおべんとう9品。
おべんとう箱を開けたときの子どもの
スマイル＆サプライズが想像でき、
おべんとう箱をカラにして帰ってくること間違いナシ！

英字新聞柄のフィルムに入った
おしゃれおにぎりべんとう

15 min.
調理時間

材料（1人分）
[おにぎり]
ごはん …… 200g
好みの具材（梅干し、昆布など）…… 各適量
塩 …… 少々

[リボンプチトマト]
ハム …… 1枚
プチトマト …… 1個

卵焼き（p18-19参照）…… 2切れ
ブロッコリー …… 2房

a 「おにぎりDAYS 三角」の本体にごはんと具材を入れ、フタで押す。

b フタの中心部分を押しながらはずすと、三角形のおにぎりのできあがり。

c おにぎりを袋状になっている「おにぎりデコパック三角型（英字新聞柄）」に入れ、シールで留める。

d ハムの上に「リボンハムカッター」を置き、リボンの形に抜く。

e リボンの形のハムの中心部を折って巻き付け、つまようじでさして留める。

3 残さずに食べてもらいたいおべんとう

おにぎりデコパック三角型（英字新聞柄）
おにぎりを包むポリプロピレン製の袋。フィルム6枚入り、留めシール1シート(6枚)付き。

作り方

1 ごはん100gに塩をふり、具材を入れて「おにぎりDAYS 三角」(a,b)で三角に作り、「おにぎりデコパック三角型（英字新聞柄）」(c)で包む。

2 「リボンハムカッター」(d,e)でハムをリボン形に切り、ヘタを取ったプチトマトとともにつまようじにさす。

3 おべんとう箱に1、2、塩を加えた熱湯でゆでたブロッコリー、卵焼きを詰める。

スポーツおにぎりべんとう

サッカー、野球、バスケ、どれが好き?

調理時間 25 min.

材料（1人分）

[おにぎり]
ごはん …… 300g
好みの具材（梅干し・昆布など）
　…… 各適量
塩 …… 少々

[唐揚げ]
鶏もも肉 …… 1枚
A｜しょうゆ …… 大さじ1
　｜みりん …… 大さじ1
にんにく …… 1片
しょうが …… 1片
薄力粉、片栗粉 …… 各大さじ2
揚げ油 …… 適量

[宇宙人ソーセージ]
ウインナーソーセージ …… 3本
サラダ油 …… 小さじ1
いりごま（黒）…… 適量

a おにぎりを袋状になっている「おにぎりデコパック丸型」に入れ、シールで留める。

b 「薬味おろし」はちょこっとすりおろせる。プレートの先は混ぜるヘラとしても使える。

c 「粉ふるいスプーン」は粉を少量まぶしたいときに、粉をすくってスプーンの底の網からふるうだけで均等にまぶせる。

d 「宇宙人ソーセージカッター」の本体にソーセージを固定させ、フタをかぶせて押し込む。突起で切り込みを入れると宇宙人のできあがり。

3 残さずに食べてもらいたいおべんとう

おにぎりデコパック丸型
（ベースボール／バスケットボール）・（サッカーボール）
おにぎりを包むポリプロピレン製の袋。フィルム6枚入り、留めシール1シート（6枚）付き。

作り方

1 ごはん100gに塩をふり、具材を入れて丸く作り、「おにぎりデコパック丸型（ベースボール/バスケットボール）・（サッカーボール）」(a)で包む。

2 鶏肉は一口大に切ってボウルに入れる。にんにくとしょうがは「薬味おろし」(b)を使ってすりおろしボウルに加え、さらにAを加えてもみ込む。バットに移して「粉ふるいスプーン」(c)で薄力粉・片栗粉をまぶし、180℃に熱した油できつね色になるまで揚げる。

3 ソーセージを「宇宙人ソーセージカッター」(d)でカットして切り込みを入れ、フライパンにサラダ油を熱して焼き色がつくまで炒める。切り込みにごまを入れて目にする。

4 おべんとう箱に1、2、3を詰める。

動物柄ときれいな花形のハムでインパクト大!
アニマルおにぎりべんとう

10 min.
調理時間

材料(1人分)
[おにぎり]
ごはん …… 200g
好みの具材(梅干し、昆布など) …… 各適量
塩 …… 少々

焼きのり …… 1/4枚
えびとブロッコリーのアヒージョ
（p64-65参照）…… 適量

[花形ハム]
ハム …… 2枚

a 「おにぎりDAYS 三角」の本体にごはんと具材を入れ、フタで押す。

b フタの中心部分を押しながらはずすと、三角形のおにぎりのできあがり。

c おにぎりを袋状になっている「おにぎりデコパック 三角型」に入れ、シールで留める。

d ハムの上に「ハムカッター」を置いて、ぎゅっと押して切れ目をつける。そのハムを半分に折ってくるりと巻き、つまようじで留める。

e のりに指などで軽く水をつけ、「たべれるのりカップキット」の下カップにかぶせる。

f eに上カップをかぶせ、電子レンジに入れる。

3 残さずに食べてもらいたいおべんとう

作り方

1 ごはん100gに塩をふり、具材を入れて「おにぎりDAYS 三角」(a,b)で三角に作り、「おにぎりデコパック（三角型）」(c)で包む。

2 ハムを「ハムカッター」(d)でカットし、花形にする。

3 焼きのりに指などで軽く水をつけ、「たべれるのりカップキット」(e,f)にセットし、電子レンジ600Wで50秒ほど加熱し、取りはずす。

4 おべんとう箱に1と2、3に入れたえびとブロッコリーのアヒージョを詰める。

おにぎりデコパック 三角型・丸型（動物）
おにぎりを包むポリプロピレン製の袋。うさぎ、くま、パンダの動物柄フィルム各2枚入り、メッセージ入りの留めシール1シート（6枚）付き。

くま、パンダ、うさぎのどれが好き？
アニマルサンドイッチべんとう

15 min.
調理時間

材料（3個分）
食パン（8枚切り）…… 6枚
バター …… 適量

[ベーコンチーズレタス]
ベーコン …… 2枚
スライスチーズ …… 1枚
レタス …… 1枚

[ツナトマト]
ツナ …… 1缶（70g）
マヨネーズ …… 大さじ2
トマト …… 1個

[卵きゅうり]
ゆで卵 …… 2個
マヨネーズ …… 大さじ2
きゅうり …… 1本

サンドイッチデコパック
サンドイッチを包むポリプロピレン製の袋。うさぎ、くま、パンダの動物柄フィルム各2枚入り、しっぽ形留めシール1シート（6枚）付き。

a　サンドイッチを袋状になっている「サンドイッチデコパック」に入れ、シールで留める。

作り方

1　[ベーコンチーズレタス]ベーコンはフライパンで両面を焼き色がつくまで焼く。

2　[ツナトマト]ツナにマヨネーズを加えて混ぜる。トマトはヘタを取り、1cmの輪切りにする。

3　[卵きゅうり]ゆで卵は粗みじん切りにし、マヨネーズを加えて混ぜる。きゅうりは縦に薄切りにする。

4　食パン2枚にバターを塗ってそれぞれの具材をはさみ、耳を切り落として斜め半分に切って「サンドイッチデコパック」(a)に入れる。

ごはんとおかずの仕切りも食べられる！
鶏そぼろべんとう

20 min.
調理時間

材料（1人分）

[鶏そぼろと卵そぼろ]
鶏挽き肉 …… 50g
A｜しょうゆ …… 小さじ1
　｜みりん …… 小さじ1
　｜砂糖 …… 小さじ1/2
卵 …… 1個
B｜牛乳 …… 大さじ1
　｜塩、砂糖 …… 各少々

[ピーマンのおかかソテー]
ピーマン …… 1個
かつお節 …… 2g
塩、こしょう …… 各少々
サラダ油 …… 小さじ3(大さじ1)

ハム …… 1枚
スライスチーズ …… 1枚
ゆで卵 …… 1個
ごはん …… 150g

a ハムの上に「たべれるバランキット」を置いて、ぎゅっと押して型抜きする。チーズも同様にして作る。

b 「花卵コロン」の端にゆで卵を置いて転がし、1周したらゆっくりはずす。

3 残さずに食べてもらいたいおべんとう

作り方

1 フライパンにサラダ油小さじ1を熱し、鶏挽き肉を入れて色が変わるまで炒め、Aを加えて汁気がなくなるまで炒める。

2 ボウルに卵を割り入れ、Bを加えて混ぜ合わせる。フライパンにサラダ油小さじ1を熱し、卵液を加えて混ぜながらそぼろ状になるまで炒める。

3 ピーマンは種とワタを除き、細切りにする。フライパンにサラダ油小さじ1を熱してピーマンを加えてしんなりするまで炒め、かつお節、塩、こしょうを加えてさっと炒める。

4 ハムとスライスチーズは「たべれるバランキット」(a)で型抜きをする。

5 ゆで卵は「花卵コロン」(b)で花形に切る。

6 おべんとう箱の2/3程度にごはんを詰めて1と2をのせ、4で仕切りをして3と5を詰める。

たべれるバランキット
食材をかわいい形に型抜きし、食べられるバラン（仕切り）が作れる。柄はうさぎ、りす、花の3種類セット。組み合わせるとさらにかわいい。

キュートなチビまるおにぎり
ころころおにぎりべんとう
カトラリー：GO OUTカトラリー 10色

材料（1人分）
[おにぎり]
ごはん …… 200g
塩 …… 少々
いりごま（黒）…… 適量
ケチャップ …… 適量
赤ラディッシュの新芽 …… 適量
ふりかけ …… 1袋

マカロニサラダ（p62-63参照）…… 適量
卵焼き（p18-19参照）…… 2切れ
プチトマト …… 2個

a 「おにぎDAYS チビまる」の本体にごはんを入れる。

b フタをして軽くふると、小さめの丸いおにぎりができあがる。

c のりに指などで軽く水をつけ、「たべれるのりカップキット」の下カップにかぶせる。

d cに上カップをかぶせ、電子レンジに入れる。

3 残さず食べてもらいたいおべんとう

おにぎりDAYS チビまる
ごはんを入れてふるだけで食べやすい形にできる成型器。凹凸加工でごはんがくっつきにくく、きれいに取り出せる。

作り方

1 ごはん半量に塩をふり、「おにぎDAYS チビまる」(a,b)に入れてふる。いりごまとケチャップをのせ、赤ラディッシュの新芽をはさみで切ってのせる。

2 残りのごはんにふりかけを混ぜて「おにぎDAYS チビまる」(a,b)に入れてふる。

3 焼きのりに指などで軽く水をつけ、「たべれるのりカップキット」(c,d)にセットし、電子レンジ600Wで50秒ほど加熱して取りはずし、マカロニサラダを入れる。

4 おべんとう箱に1、2、3、卵焼き、プチトマトを詰める。

俵おにぎりべんとう

丸でも三角でもない形もいいね！

20 min.
調理時間

材料（1〜2人分）

ごはん …… 300g
A｜酢 …… 大さじ2
　｜砂糖 …… 大さじ1
　｜塩 …… 小さじ1/4
生ハム …… 2枚
赤かぶの漬け物 …… 15g
さくらの塩漬け …… 1個
青じそ …… 2枚

いりごま（白）…… 小さじ1
卵 …… 1個
B｜酒 …… 小さじ1
　｜砂糖 …… 小さじ1/4
　｜塩 …… 少々
サラダ油 …… 小さじ1
三つ葉 …… 2本

ちくわ …… 1本
きゅうり …… 1/2本
ぶどう …… 適量

a 「おにぎりDAYS 俵・大」の本体にごはんを入れる。

b フタをしてぎゅっと押し、フタをはずす。

c bを逆さまにして中心部分をポンと押す。

d 俵形のおにぎりのできあがり。

作り方

1 温かいごはんをボウルに入れ、混ぜ合わせたAをまわしかける。しゃもじで切るようにして全体をよく混ぜる。

2 卵はボウルに割り入れてBを加えて混ぜ、サラダ油を熱した卵焼き器に流し入れて焼き、薄焼き卵を作り、半分に切る。

3 1のごはんの1/2量を「おにぎりDAYS 俵・大」(a,b,c,d)に入れ、俵形に作り、1つは生ハムで包む。残りは薄焼き卵で包み、さっとゆでた三つ葉で巻く。

4 1のごはんの1/4量にみじん切りにした赤かぶの漬け物、残りの1/4量のごはんにせん切りにした青じそといりごまをそれぞれ混ぜ、「おにぎりDAYS 俵・大」(a,b,c,d)に入れ、俵形に作る。赤かぶのほうに洗って乾かしたさくらの塩漬けをのせる。

5 ちくわは4等分に切り、穴に切ったきゅうりを詰める。

6 おべんとう箱に3、4、5、ぶどうを詰める。

おにぎりDAYS 俵 大・小
ごはんや具を詰めて型押しするだけで俵形のおにぎりが2個同時に作れる。しゅうまい、からあげ、卵、ウインナーなど入れておかずおにぎりも楽しめる。

3 残さずに食べてもらいたいおべんとう

巻きすがなくても簡単にできる
巻き寿司べんとう

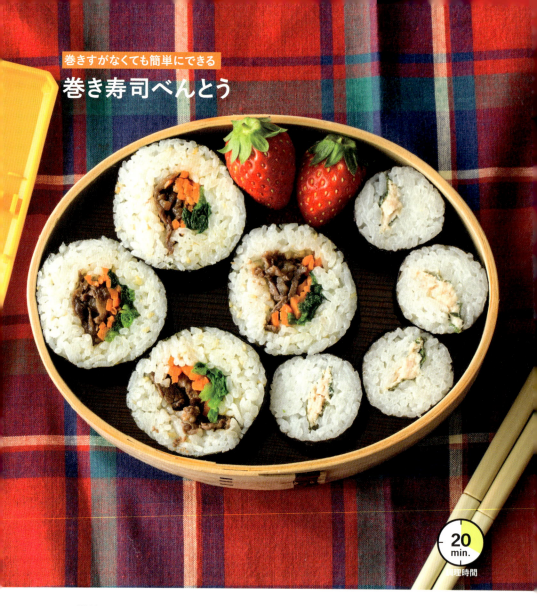

20 min.
調理時間

材料（作りやすい分量）

[キンパ風太巻き]
ごはん …… 250g
A いりごま（白）…… 小さじ1
　ごま油 …… 大さじ1/2
　塩 …… 小さじ1/2
牛こま切れ肉 …… 50g

B しょうゆ …… 大さじ1/2
　砂糖 …… 大さじ1/2
にんじん …… 1/4本
ほうれん草 …… 1/4束
ごま油、塩 …… 各適量
焼きのり …… 1枚

[ツナマヨ細巻き]
ごはん …… 100g
ツナ …… 1缶（70g）
マヨネーズ …… 大さじ2
青じそ …… 3枚
焼きのり …… 1枚

イチゴ …… 適量

a 「のりまきDAYS」の本体にごはんと具材を入れる。

b 具材の上にさらにごはんをのせる。

c フタをしてぎゅっと押したらフタをはずす。

d cを逆さにして中心部分をポンと押すと丸い棒状のごはんのできあがり。

3 残さずに食べてもらいたいおべんとう

のりまきDAYS 太巻・細巻
のりまきを簡単にきれいに作れる成型器。ごはんと具を入れて型押しし、取り出してのりを巻くだけ。

作り方

1 ［キンパ風太巻き］ボウルにごはんを入れ、Aを入れて混ぜる。

2 フライパンにごま油大さじ1/2を熱し、牛肉を入れて色が変わるまで炒め、Bを加えて汁気がなくなるまで炒める。

3 にんじんはせん切りにする。フライパンにごま油小さじ1を熱し、にんじんを加えてしんなりするまで炒め、塩少々をふる。

4 ほうれん草は熱湯でゆで、冷水にとって水気を絞り、ごま油と塩各少々であえる。

5 「のりまきDAYS 太巻」(a,b,c,d)に1の半量をのせ、2、3、4をのせ、さらにごはんをのせて型で抜き、焼きのりで巻く。

6 ［ツナマヨ細巻き］ツナにマヨネーズを入れて混ぜ合わせる。「のりまきDAYS 細巻」(太巻きと同様)にごはんの半量をのせ、青じそとツナマヨをのせ、さらにごはんをのせて型で抜き、焼きのりで巻く。

肉と野菜の具材が超ボリューミー！
具だくさんサンドイッチべんとう

20 min.
調理時間

材料（1人分）
アボカド …… 1/2個
紫キャベツ …… 30g
にんじん …… 30g
卵 …… 1個
塩、こしょう …… 各少々

サラダ油 …… 小さじ1
ハム …… 3枚
レタス …… 3枚
食パン（6枚切り）…… 2枚
マスタード、マヨネーズ、バター …… 各適量

a バターを四角にカットして「直ぬりバタースティック」に入れてセットすると、スティックのりのようにバターが塗れる。

b 分厚いサンドイッチもすっぽり入り、さっと取り出せる「サンドイッチ メッシュ×ケース」。

3 残さずに食べてもらいたいおべんとう

作り方

1 アボカドは5mm幅に切る。
2 紫キャベツとにんじんはせん切りにする。
3 フライパンにサラダ油を熱し、卵を割り入れ、両面をよく焼き、塩とこしょうをふる。
4 食パンに「直ぬりバタースティック」(a)を使ってバターを塗り、その上にマスタードとマヨネーズを重ねて塗る。1、2、3、ハム、レタスをはさみ、半分に切って「サンドイッチ メッシュ×ケース」(b)に入れる。

goods

サンドイッチ メッシュ×ケース
具だくさんで分厚いサンドイッチも、すっぽり入るケース。内側にメッシュ プレート付きで、サンドイッチをフレッシュに保存できる。取り出すときはメッシュプレートを引き上げるだけ。

COLUMN

暮らしに役立つ便利グッズ2

パーカーハンガー
フードをはさんで乾きやすくするハンガー。普通のハンガーと組み合わせて使用する。

PH折りたたみ式ハイネック＆パーカーハンガー
ハイネックやパーカーのたるむ部分をきちんと広げて、乾きやすく干すハンガー。

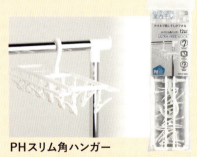

PHスリム角ハンガー
タオルバーを開き、両側にタオルを干せるハンガー。見られたくない下着を中に入れて目隠しできる。

PHクロスハンガー
たたむと薄いのに開くとクロスに展開。ちょっとしたスペースに干し場を作れる。ピンチ12個付き。

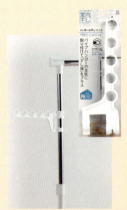

PHポール干しフック
よりたくさん干せるように、パイプハンガーの支柱に取り付けるフック。ちょこっと掛けにも便利。

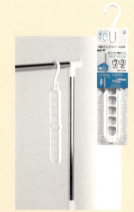

PHハンガー連結フック
ハンガーを連結するフック。横でも縦でも使える。空間を上下で使えるため、狭いスペースでもたくさん干せる。

片手で挟める！ふとんばさみ
ピンク・オレンジ・イエロー・グリーン・ブルー

ふとんに引っ掛けてはさむから、両手を使うことなく片手で楽に、しっかりとはさむことができる。

非塩素系
洗濯槽クリーナー

洗濯槽にひそむカビ、雑菌、汚れを落とす、非塩素系の洗濯槽クリーナー。酸素系漂白剤の強力発泡パワーでこびりついた汚れを除去。

ネコピカ メラミン
スポンジ6個入

ちょこんと立つ姿がかわいい、ネコの形のメラミンスポンジ。洗剤を使わなくても水だけで水アカ手アカを落とせる。

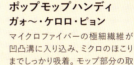

ポップモップ ハンディ
ガォ～・ケロロ・ピョン

マイクロファイバーの極細繊維が凹凸溝に入り込み、ミクロのほこりまでしっかり吸着。モップ部分の取りはずしができ、洗って繰り返し使用可能。

フロアモード
ホワイト・ピンク・グリーン

フローリングワイパーやスペアのお掃除シートを一緒にすっきり収納できるボックス。

コロモードイン
ホワイト・ピンク・グリーン・ブラック

市販の粘着クリーナー（ハンディタイプ）とスペアテープをすっきり収納できるボックス。スペアは3本収納可能。

Chapter

4

キッチン掃除術

簡単でおいしい料理はきれいなキッチンから！
毎日立つ場所だからこそ、
きれいにしておいて気持ちよく料理したいもの。
やさしい成分の洗浄剤を使った
キッチンのパートごとの掃除術を紹介します。

キッチンまわりの掃除に必要な4つの洗浄剤

やさしい成分なのに汚れ落ちはパワフルな4つの洗浄剤。
キッチンはもちろん、家中ピカピカにできます。

1 重曹物語
軽い油汚れや鍋のコゲ落としに最適 消臭効果もある

重曹は弱アルカリ性の洗浄剤。油汚れや皮脂汚れなどを中和して水に溶けやすくし、落としやすくしてくれます。

粒子のやわらかい重曹は、傷をつけたくないものに最適なソフトなクレンザー。つけて磨くだけで汚れが落ちる研磨効果があるので、ガラスやステンレスなど幅広く使えます。ただし、アルミは黒く変色する場合があるので使用しないほうがベター。漆の器なども使用は控えたほうがいいでしょう。

また、生ゴミなどのイヤなニオイを消す効果もあります。ゴミ箱や排水口などニオイが気になる場所へ、重曹水(作り方は下記参照)をスプレーで吹き付けるのもおすすめ。しつこい油汚れにはペースト状(作り方は下記参照)にして使いましょう。

重曹物語 240g
ほかに800gもあります。
食品添加物としても使える安心の品質です。

使用上の注意
- お子様の手の届く所に置かないでください。
- 万一、目に入った場合はこすらずに水でよく洗い流し、直ちに医師の診断を受けてください。
- 溶かして重曹液にする場合、熱湯を使用しないでください。
- 漆器には使用しないでください。
- アルミ製品には使用しないでください。変色する恐れがあります。
- 直射日光を避け、高温・多湿の場所に置かないでください。

●重曹水の作り方

水200mlに、「重曹物語」小さじ1/2を入れてよく溶かす。

●重曹ペーストの作り方

「重曹物語」3に対して水1くらいを少しずつ加えて練り、ペースト状にする。

2 クエン酸物語
頑固な水アカをしっかり落とす!

クエン酸は水に溶けやすい酸性。水アカや石けんカスなどでできる結晶性の汚れを浮かせて落とす働きがあり、シンクまわりやポットなどの水アカ掃除に最適です。揮発性がなく無臭なので掃除に使いやすい洗浄剤。ただし、ほかの洗浄剤などと併用すると有毒ガスが出るので、単体で使いましょう。

キッチン以外ではトイレの便器についた汚れもきれいにすることができます。衣類の洗濯の仕上げにも向いていて、洗濯物をやわらかくする働きも。

クエン酸は菌の繁殖を抑える働きをもっているので、家中の衛生管理に役立ちます。

クエン酸物語 120g
ほかに600g入りもあります。

使用上の注意
- 食品ではありません。
- 用途以外に使わないでください。
- お子様の手の届く所に置かないでください。
- 万一、目に入った場合はこすらずに水でよく洗い流し、直ちに医師の診断を受けてください。
- クエン酸は酸性のため、塩素系の製品と併用しないでください。
- 誤って飲み込んだ場合、口をよくすすぎ、異常がある際は直ちに医師の診断を受けてください。

●クエン酸水の作り方

水200mℓに、「クエン酸物語」小さじ1を入れてよく溶かす。

3 セスキ炭酸ソーダ物語

**しつこい油汚れがきれいに！
家中のあらゆる掃除にも**

重曹よりもアルカリ度が高い洗浄剤。家中のお掃除に役立ちます。

頑固な油汚れに強いので、キッチンではコンロを使った後の掃除に。セスキ水（作り方は下記参照）をスプレーボトルで吹き付けてふきんで拭けば、汚れがたまりません。

皮脂汚れにも強いので、手アカがついたテーブルや床、ドアノブなどの掃除でも大活躍します。タンパク質をある程度分解するので血液汚れもきれいにします。

セスキ炭酸ソーダ物語 200g
ほかに700gもあります。

使用上の注意

- 食品ではありません。
- 用途以外に使用しないでください。
- お子様の手の届く所に置かないでください。
- 万一、目に入った場合や皮膚についた場合は、こすらずに水でよく洗い流し、直ちに医師の診断を受けてください。
- 誤って飲み込んだ場合は、牛乳または水を多量に飲み、吐かずに直ちに医師の診断を受けてください。
- アルミ製品に使用しないでください。
- 表面加工を施してある家具には使用しないでください。
- 荒れ性の方は炊事用手袋をしてご使用ください。
- 使用後は手をよく洗い、クリームなどでお手入れをしてください。

●セスキ水の作り方

水500mlに、「セスキ炭酸ソーダ物語」小さじ1を入れてよく溶かす。スプレーボトルなどで使用する。

商品別早見表　キッチンまわりばかりでなく、家の掃除どこでも使えます！

商品名／用途	野菜のアク抜きに（ゴボウ以外）	しつこい茶シブに	油汚れ、コゲ落としに	冷蔵庫の清掃に	こびりついた湯アカに	レンジまわりの油汚れに	換気扇の掃除に
重曹物語	◎	◎	◎	◎	◎	◎	○
クエン酸物語	×	△	△	○	△	○	△
セスキ炭酸ソーダ物語	×	○	○	△	◎	◎	◎
オキシウォッシュ酸素系漂白剤	×	◎	○	◎※1	◎	○	◎

※1清掃後、念入りな水拭きを行なってください。

4 オキシウォッシュ 酸素系漂白剤

頑固な汚れも浸けておくだけでピカピカ!

酸素パワーで頑固な汚れもスルリときれいにする酸素系漂白剤。40～60℃のお湯に溶かして使います。オキシウォッシュのすごいところは、スポンジやブラシなどで「こすり洗い」をする必要がないこと。ベトベト&ギトギトのこびりついた油汚れのある換気扇も、オキシウォッシュ溶液(作り方は下記参照)に浸けておくだけでOK! オキシウォッシュの酸素が浮き上がった汚れを分解して落とすため、オキシウォッシュ溶液に浸けるだけで、頑固な汚れがスルリと落ちるのです。

食べこぼしのシミやカビなどにも効果的! 色柄物の漂白にも使用できます(※2)。いずれも浸けたあとは、よくすすいでください。

オキシウォッシュ 酸素系漂白剤120g
ほかに35g×3包入、1kg入、680g入ボトルもあります。

使用上の注意
- 用途以外に使用しないでください。
- 熱湯は使用しないでください。
- 必ず使用前に目立たない場所で試し、乾燥させた後に、色落ちがないかをご確認の上ご使用ください。
- 本剤と水を混ぜる際は、容器に顔を近づけ過ぎないでください。
- 溶剤を作り置きし、密封した容器に長時間放置しないでください。酸素を出し続け破裂することがあります。
- お子様やペットが触れる場所に置かないでください。
- 認知症の方などの誤飲を防ぐため、置き場所に注意してください。
- 直射日光を避け、高温の所に置かないでください。
- 商品の容器に水やほかのものを入れないでください。
- 洗濯洗剤以外(アンモニアを含む製品、還元系漂白剤、家庭用洗剤)とは混ぜないでください。
- ご使用の際は、ゴム手袋の着用をおすすめします。

●オキシウォッシュ溶液の作り方

ボウルなどの容器に用途に合った量のオキシウォッシュを入れ、40～60℃くらいのお湯を注ぐ。お湯4ℓに、「オキシウォッシュ」大さじ2。ブクブクと泡立つので、このなかに汚れを落としたいものを入れて浸け込む。

シンクまわりの掃除に	食器洗い機内の洗浄に	電気ポットの洗浄に	衣類の洗濯に	洗濯の仕上げに	衣類のシミ抜きに	パイプ汚れの洗浄に	玄関タイル・浴室の目地に	トイレのニオイ消しに
○	○	○	◎	○	△	○	△	○
○	◎	◎	○	○	×	×	×	△
○	×	×	◎	◎	△	△	△	△
◎	◎	×	◎※2	○※2	◎※2	○	○	○

※2 羊毛、絹などのタンパク質繊維には使用しないでください。必ず使用前に目立たない場所で試し、乾燥させた後に色落ちがないかを確認してください。

シンクまわり

洗いものや調理をするシンクまわりには、水アカや油汚れなどさまざまな汚れがついています。特に水アカが多いこの場所は、こまめに掃除することが大切。カチカチにこびりつく前にさっとひと拭き。

蛇口などの水アカはクエン酸水を

クエン酸物語　　和柄ふきんあさがお

水アカがつきやすい蛇口まわりにはクエン酸水をスプレーで吹き付け、ふきんで拭く。

しつこい水アカはクエン酸ペーストでパック

クエン酸物語

しつこい水アカがついた部分に、「クエン酸物語」3に対して水1くらいを少しずつ加えて練り、クエン酸ペーストにして塗る。

クエン酸ペーストを塗った部分にきっちりとラップをし、1時間ほどおく。その後は水で洗い流し、ふきんなどで拭く。

シンク内の汚れは重曹＋スポンジでこすり洗い

重曹物語

小麦粉ふりふりストッカー

ウェーブ4キッチンスポンジ・ハード

「重曹物語」を「小麦粉ふりふりストッカー」に入れて、シンクにまんべんなくふりかける。

「ウェーブ4キッチンスポンジ・ハード」でこすって洗う。

排水口の汚れはオキシウォッシュと「排水口ブラシ」で

オキシウォッシュ酸素系漂白剤

排水口ブラシホワイト

排水口に「オキシウォッシュ酸素系漂白剤」をふりかける。

L字型になった「排水口ブラシ」で洗う。ブラシの角が排水口やかごにフィットし、隅まで洗える。

コンロまわり

油はねをはじめ、食材や調味料などがこぼれて汚れてしまうコンロまわり。
汚れは温度が高いほど落ちやすいため、
ガスを使用してすぐだと拭き掃除くらいで汚れが落ちます。
ベタベタ、ギトギトしてしまったら、はずれるものはまとめてオキシウォッシュに。

コンロまわりの油汚れはセスキ水を吹きかけて拭く

セスキ炭酸ソーダ物語

和柄ふきんうちわ

セスキ水をスプレーで吹き付け、ふきんで拭く。セスキ水をかけてから少し放置しておくと汚れがゆるんで落ちやすくなる。

頑固な汚れは「SDダイヤモンドパフ」で落とす

SDダイヤモンドパフ薄型2個入

硬い人工ダイヤモンドの研磨力でコゲつき・頑固汚れを落とす「SDダイヤモンドパフ」でこすって落とす。

しつこい油汚れは重曹ペーストでパック

重曹物語

コゲつき・頑固汚れには重曹ペーストのパックという方法も。頑固な汚れの部分に重曹ペーストを塗り、ラップをしっかりとして1時間ほどおく。その後はふきんなどで綺麗に拭き取る。

コンロカバーのすき間は「おそうじDr.スキマブラシセット」で取る

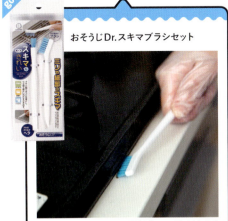

おそうじDr.スキマブラシセット

コンロカバーなどのすき間部分は、ゴミがたまるわりに掃除がしにくい場所。すき間にもしっかり届く「おそうじDr.スキマブラシセット」でかき出す。

ベタついた五徳などはオキシウォッシュで！

オキシウォッシュ 酸素系漂白剤

シンクにオキシウォッシュ溶液を作る。

五徳などコンロまわりで取りはずせるものすべてをオキシウォッシュ溶液の中に入れ、1～3時間浸けおく。その後、よく洗い流す。

換気扇

油とホコリで手強い汚れの換気扇。掃除するのがおっくうになりがちですが、
「オキシウォッシュ酸素系漂白剤」があれば大丈夫!
ベタベタ、ギトギトもこすり続けることなく、
オキシウォッシュ溶液にさっと浸けて放置しておくだけ。頑固な油汚れが落ちます。

換気扇フィルターなどは
オキシウォッシュ溶液に浸ける

オキシウォッシュ
酸素系漂白剤

シンクにオキシウォッシュ溶液を作る(p111のコンロまわりのものと一緒に行うと一度で済むのおすすめ)。

換気扇フィルターなど換気扇まわりで取りはずせるものすべてをオキシウォッシュ溶液の中に入れ、1〜3時間浸けおく。その後、よく洗い流す。

換気扇フィルターのゴミは「おそうじDr.スポンジ&ブラシ」できれいに!

パネルやフードはこまめにセスキ水で拭き掃除を

おそうじDr.スポンジ&ブラシ

セスキ炭酸ソーダ物語

マイクロファイバーキッチンクロス

換気扇フィルターのゴミは、ブラシとスポンジが両方付いていて取り替えらえる「おそうじDr.スポンジ&ブラシ」でこすればきれいになる。

油分を含んだ蒸気やホコリによってベトベトした汚れがつくパネルやフードには、セスキ水をスプレーで吹き付ける。

細かな汚れもしっかり拭ける「マイクロファイバーキッチンクロス」などで拭き取る。

4 キッチン掃除術

キッチン家電

毎日使うわりには、掃除をし忘れてしまうことが多いキッチン家電。冷蔵庫だって庫内は食品の液だれ、外側は油汚れや手アカで意外なほど汚れていますよ。家電ごとに合った簡単な掃除テクニックを紹介します。

冷蔵庫の中は重曹水で拭き取る

重曹物語　　和柄ふきん水玉

冷蔵庫内の棚などには、重曹水をスプレーで吹き付け、ふきんで拭く。冷蔵庫の外側も意外と汚れているため、庫内と同じようにして拭き掃除をするといい。

ゴムパッキンの溝は「おそうじDr.すき間ブラシ」で

おそうじDr.すき間ブラシ

ゴムパッキンの溝には、ブラシ部分でほこりを落とし、ヘラ部分で細かい汚れをかき出す「おそうじDr.すき間ブラシ」できれいに。

電子レンジ庫内の頑固な汚れは重曹をふりかけて

重曹物語

マイクロファイバーキッチンクロス

汚れがひどくない場所は、細かな汚れもしっかり拭ける「マイクロファイバーキッチンクロス」で拭くだけでOK。

頑固な汚れがついている部分には、「重曹物語」をふりかけ、「マイクロファイバーキッチンクロス」などで拭き取る。

トースターのパンくずなどは「キッチンブルーム」で掃き出す

キッチンブルーム

パンくずなど細かいゴミがたまりやすいトースター内は、やわらかいブラシで掃きやすいハンディタイプの「キッチンブルーム」で掃き出す。

電気ポットの中の水アカはクエン酸を入れて浸けおき洗い

クエン酸物語

石のように固くこびりついた電気ポットの中の水アカを落とすには「クエン酸物語」で。ポットの中に水を満水まで入れ「クエン酸物語」を「粉もの専用スライド式計量スプーン」で大さじ1入れて沸騰させる。その後1～2時間おき、お湯を捨ててよくすすぐ。

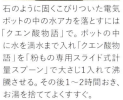

粉もの専用スライド式計量スプーン

調理道具

調理道具の主役を張る鍋。頑固なコゲつきはほとんど重曹を使えば落ちますが、アルミ製品だけは使用を控えましょう。
化学反応で黒ずんでしまう可能性があります。
まな板などはオキシウォッシュに浸け込んで漂白し、雑菌の繁殖を防ぎます。

鍋類は素材ごとに洗い方を変える

ホウロウ鍋
コゲつきは重曹水を沸騰させ、スポンジで洗う（詳細はp117）。

ステンレス鍋
コゲついた部分に重曹をふりかけ、硬めのスポンジでこすって落とす。

アルミ鍋
黒ずみがある場合は、クエン酸水を入れて沸騰させ、冷めてからスポンジでこすり洗いする。アルミに重曹を使うと化学変化を起こし黒くなってしまうため、使用しないこと。

土鍋
スポンジかタワシで洗い、しっかり拭いて乾かす。カビ防止のため完全に乾いてからしまうこと。

まな板は水切りかごなどと一緒にオキシウォッシュで

オキシウォッシュ酸素系漂白剤

HAUSスタンドウォッシュタブ

まな板は水切りかごなどにオキシウォッシュ溶液を作って浸けておけば、2アイテム同時にきれいにできて一石二鳥。水切りかご「HAUSスタンドウォッシュタブ」に40〜60℃のお湯を入れて「オキシウォッシュ酸素系漂白剤」を大さじ1杯入れ、その中にまな板を入れて1時間ほど浸けおきしたら、よく洗い流す。

コゲついたホウロウ鍋は重曹水を沸騰させて半日ほどおく

重曹物語

シフォンキッチンスポンジハード

水を入れ、「重曹物語」を大さじ1入れて沸騰させる。重曹が溶けたら火を止め、半日ほどおくとコゲや汚れが浮いてくるので洗い流し、「シフォンキッチンスポンジハード」で洗う。

包丁はやわらかいスポンジでやさしく洗う

クロスホールドキッチンスポンジ・ソフト

刃に気をつけながら、「クロスホールドキッチンスポンジ・ソフト」などのやわらかめのスポンジでやさしく洗い、その後はふきんで拭いてしっかり乾かす。

コーヒーサーバーは洗浄剤を使わずに「メラミンスティック」でこすり洗い

メラミンスティック

コーヒーサーバーのコーヒーのシミは、水を含ませてこするだけでしつこい汚れが落ち、スティックタイプで使いやすい「メラミンスティック」でこすり洗いする。

4 キッチン掃除術

食器類

さまざまな素材の種類がある食器類。
長く使い続けるためにも素材に合ったおすすめの洗い方をご紹介します。
ガラスコップなどは専用のグッズを使うと、簡単にきれいをキープできます。

素材別食器の洗い方

陶器
やらかめのスポンジで洗い、ふきんで水気を拭き、シミやカビ防止のためにしっかり乾かす。

磁器
色絵や金彩・銀彩が施されているものは、酸によって変色する場合があるため、クエン酸は使用しないこと。

漆
油が気にならない場合は、水かぬるま湯だけで洗い流す。ふきんで水気を拭き、しっかり乾かす。

木
油が気にならない場合は、水かぬるま湯だけで洗い流す。ふきんで水気を拭き、しっかり乾かす。

ステンレス
傷がつかないよう、やわらかめのスポンジでやさしく洗う。

ガラス
傷がつかないよう、やわらかめのスポンジでやさしく洗う。

ガラスコップは
コップ洗い専用の「エコマジックモンスターコップ洗い」で

エコマジックモンスターコップ洗い

ガラスコップは、洗剤不要で環境にやさしいクリーナー「エコマジックモンスターコップ洗い」で洗う。アクリル繊維が傷をつけずに、頑固な汚れやくもりをすっきり落とす。

マグカップなどの茶渋はオキシウォッシュ溶液に浸ける

オキシウォッシュ 酸素系漂白剤

ボウルにオキシウォッシュ溶液を作って入れ、そのなかにマグカップを入れて1時間ほど浸け込む。その後、きれいに洗い流す。

水アカにはクエン酸水で浸けおき

クエン酸物語

ハンドル付ボウル ホワイト

水アカなどでくもりがちなガラスコップは、ボウルに水をはって「クエン酸物語」を小さじ1入れたなかに1時間ほど浸けおきし、洗い流す。

ステンレスのカトラリーのくすみは重曹水で拭き取る

カトラリーに重曹水のスプレーをたっぷり吹き付ける。

重曹物語

ふきんでしっかり拭いて磨く。その後、水でしっかりすすぐ。

ガーゼふきんネイティブ02

タッパーの隅やフタの溝は「マルチブラシ」で洗う

重曹物語

マルチブラシ ホワイト

山切りカットで隅まで届くブラシと、柄の部分に収納するミニブラシのセット。

タッパーの隅は「重曹物語」をふりかけ、「マルチブラシ」の山切りカットのほうのブラシで洗う。

フタの溝は「重曹物語」をふりかけ、「マルチブラシ」のミニブラシで洗う。

おべんとう箱は溝まで届く「ハリネズミキッチンスポンジ」で洗う

重曹物語

ハリネズミキッチンスポンジ 3個入

「重曹物語」をおべんとう箱にふりかけ、「ハリネズミキッチンスポンジ」で洗う。ハリネズミのとがった角がおべんとう箱のフタなどの細かい溝や凹凸にフィットしてすっきり洗える。

スポンジ・ふきん類

洗ったり拭いたりする道具がきれいでなければ、元も子もありません。
スポンジやふきんはいつでも清潔に保っておきたいものです。
毎日心地よく使えるための方法を紹介します。

スポンジはしっかり水気を切って、「スポンジホルダー」に入れておく

goods

クロスホールド
キッチンスポンジ・ソフト

スポンジホルダー

スポンジは使ったら水気をしっかり絞っておくとぬめり防止にも。

水気を切ったスポンジは「スポンジホルダー」に収納で、見ためもスッキリ。

オキシウォッシュ溶液で清潔に！

goods

オキシウォッシュ
酸素系漂白剤

ウェーブ4キッチンスポンジ

和柄ふきん 水玉

ボウルなどにオキシウォッシュ溶液を作って入れ、そのなかにスポンジを入れて1時間ほど浸け込む。その後、きれいに洗い流す。

ボウルなどにオキシウォッシュ溶液を作って入れ、そのなかにふきんを入れて1時間ほど浸け込む。その後、きれいに洗い流す。スポンジと一緒に浸けてもOK。

4 キッチン掃除術

ダイニング

家族が集まってごはんを食べるダイニングは、食べこぼしやホコリ、皮脂などが汚れの原因になる場所。ホコリを取ってから拭き掃除をするのが基本です。セスキ水でリビングのほとんどものがきれいになります。

椅子は座面と脚の裏までしっかりとセスキ水で拭き取る

セスキ炭酸ソーダ物語

ガーゼふきん ネイティブ03

椅子の座面はセスキ水をスプレーで吹き付け、ふきんで拭く。

椅子は脚の裏も忘れずに。ホコリが付着しやすいため、粘着シートなどで取り除いてからセスキ水をスプレーで吹き付けて拭き取る。

照明の傘はホコリを取り除いてからセスキ水でさっと拭く

セスキ炭酸ソーダ物語

照明の傘は細かいホコリがたまりやすい場所。久しぶりに掃除する場合は、最初にホコリをハンディモップなどで取り除いてからセスキ水での拭き掃除を。

テーブルは掃除が
しやすいよう何も置かず、
セスキ水で拭くだけ

セスキ炭酸
ソーダ物語

和柄ふきん
麻

普段は水拭きだけ十分ですが、食べこぼしなどの汚れがある場合は、セスキ水をスプレーで吹き付け、ふきんで拭き取る。無垢材のテーブルの場合、水分が染み込んでシミになる可能性があるため、セスキ水はふきんに吹き付けて拭いたほうが安心。

手アカがついている
ドアノブはセスキ水で
拭き取る

セスキ炭酸ソーダ物語

毎日さわるドアノブには皮脂汚れなどの手アカがたまっていく。セスキ水をスプレーで吹き付け、ふきんで拭き取る。ドアノブのまわりの面も一緒に拭いておこう。

テーブルの上のゴミは
すぐに掃き掃除

キッチンブルーム

テーブルの上の小さなゴミはそのままにしておくと、いつの間にか床に落ちて散らばってしまうことに。すぐにハンディタイプの「キッチンブルーム」で履き掃除を。ちりとりがセットになっているので使い勝手もいい。

床の汚れがひどい部分は
セスキ水を吹き付けて拭き取る

セスキ炭酸ソーダ物語

普段の床掃除はフローリングモップで十分。ただ目立った汚れのある部分には、セスキ水を吹き付け、ぞうきんで拭き取ること。フローリングモップの使い捨てシートにセスキ水を吹き付けて使用してもOK。

壁面を活用して効率よく作業

「よく使うものなのに置くスペースがない…」。キッチンではよくある話ですね。このページではキッチンで効率よく作業するための壁面を活用するグッズをご紹介。壁面を活用すれば省スペースにもなって、料理やあとかたづけ、掃除がグンとしやすくなります。

どこにでも貼れて片手でさっと取り出せるティッシュホルダー

壁ピタティッシュ

何にでも使えるティッシュはキッチンにも1箱は置いておきたいもの。粘着面付きでどこにでも貼れるティッシュボックスホルダー。

使いたいときにさっと使えるペーパータオルホルダー

pitacco mono
ペーパータオルホルダー

キッチンでよく使うペーパータオルを壁に貼って収納。貼り直しもOK。

料理メモなどがはさめてどこにでも貼れるメモクリップ

pitacco mono
メモクリップ

買い物メモ、料理レシピ、学校のプリント、写真、ハガキなども挟めて便利。貼り直しもOK。

取り出し簡単なラップホルダー

pitacco mono
ラップホルダー

収納扉の裏面などに貼れば隠す収納に。貼り直しもOK。

タオルを衛生的に保つ
タオルハンガー

**pitacco mono
タオルリング**

タオルが壁に触れにくく乾きやすい設計なので衛生的。貼り直しもOK。

口が開いて入れやすい
ゴミ袋になる
ビニール袋ホルダー

**pitacco mono
ビニール袋ホルダー**

手持ちのビニール袋をセットしてちょっとしたゴミ入れに。スペースがなくても便利。貼り直しもOK。

鍋つかみなどが
掛けられる透明フック

**Pitacco 透明粘着フック
小3個入（クリア）**

鍋つかみやキッチンツールなど500gのものまでが掛けられるフック。目立たないクリアタイプ。

シンクに貼れる
洗浄グッズ

**ペタッと貼れる
クレンザーパッド**

水だけで水アカやこびりつきを落とす。裏面がシンクにくっつき、邪魔にならずに置いておける。

4 キッチン掃除術

COLUMN

暮らしに役立つ便利グッズ 3

こども用おでかけハンガー
子どもの服や持ち物を1カ所に掛けられるおでかけ準備用のハンガー。忘れ物を防止し、忙しい朝もスムーズにおでかけできる。

壁紙用フックL
新素材の接着剤を使用することで、壁紙を傷つけず穴をあけずに取り付けられて、使用後はきれいにはがせる「壁紙用フック」。

キーテール
ホワイト・ブラック・レッド・ピンク・グリーン・ブルー

ねこのしっぽ形ホルダーでバッグ内のカギを保管。行方不明になりがちなカギの定位置を作る。

フタポン
赤ちゃんのお尻拭きや市販のウェットシートに取り付けられるフタ。片手でポンと開けられる。袋の口にはめるだけではずれにくい。繰り返し使える。

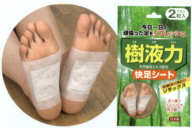

樹液力 快足シート2枚入
就寝前に足の裏に貼ると、リラックス効果で起床時にはすっきり！

ホイップ洗顔
石鹸や洗顔フォームでホイップクリームのようなふわっとした泡を簡単に作れる、洗顔用泡立てネット。

ガーゼ洗顔タオル
ピンク・イエロー・グリーン
上質なガーゼのやわらかい肌触りが特長。表面が平織、裏面がウェーブ織のダブル構造で、ウェーブ織で泡立て、平織で汚れをしっかり落とす。

ガーゼボディタオル
「ガーゼ洗顔タオル」のボディ版。ガーゼの細い繊維が肌にぴたりと密着してすっきり洗えるピーリング効果も。

おふろポスター
お風呂の壁に何回でもきれいに貼ってはがせる、おふろポスター。親子で楽しくコミュニケーションをとりながら、お勉強もできる!

ひらがな　　アルファベット

九九　　ローマ字

にほんちず

夕顔プレミアム天然蚊とり線香
4巻・10巻・30巻
天然素材の「除虫菊」を使用しながら、効き目がはやく、すぐれた殺虫力がある。お香のようなやわらかな香りが特長。「蚊は退治したいけど、体にやさしいほうがいい」という方にぴったりな蚊とり線香。

著者
KOKUBO（小久保工業所）

和歌山県海南市に本社を置く家庭日用品・生活雑貨のメーカー。暮らしに役立つキッチン用品、ランドリー用品、掃除用品などを発売している。毎日のごはんを「たのしく、おいしく、かんたんに」作れる料理グッズが注目を集め、テレビなどのメディアでも多数紹介されている。
http://kokubo.co.jp

メニュー作成・料理
星野奈々子

料理家・フードコーディネーター。大学卒業後、ITエンジニアとして働きながら本格的に料理を学ぶ。退社後、ル・コルドン・ブルー代官山校料理ディプロマを取得、祐成陽子クッキングアートセミナーを卒業し、独立。フレンチから和食、エスニック、中華と幅広いジャンルを得意とし、作りやすくておしゃれなレシピが人気。

*本書で紹介しているグッズは、以下のお店でも買うことができます。

KOKUBOショップ東陽町店　東京都江東区東陽3-27-25
電話03-3644-1811
東京メトロ東西線「東陽町」駅
1番出口徒歩1分

KOKUBO公式オンラインショップ　http://kokuboshop.com

staff
メニュー作成・調理	星野奈々子
装丁・デザイン	望月昭秀＋片桐凛子（NILSON）
撮影	深澤慎平
スタイリング	つがねゆきこ
調理アシスタント	sue、佐々木ちひろ、片山愛沙子、佐野雅
撮影協力	UTUWA（電話03-6447-0070）
編集	土田由佳、齋藤美帆

協力
おうちごはん　https://ouchi-gohan.jp/

子どもが喜ぶラクうまレシピ キッチン掃除術付き
料理グッズで簡単！ おうちごはんとおべんとう　NDC596
2019年4月13日　発　行

著　者	株式会社 小久保工業所
発行者	小川雄一
発行所	株式会社 誠文堂新光社
	〒113-0033　東京都文京区本郷3-3-11
	（編集）電話03-5800-5779
	（販売）電話03-5800-5780
	http://www.seibundo-shinkosha.net/
印刷・製本	図書印刷 株式会社

Ⓒ2019 KOKUBO Co., Ltd.
Printed in Japan
検印省略
禁・無断転載

落丁・乱丁本はお取り替え致します。

本書のコピー、スキャン、デジタル化等の無断複製は、著作権法上での例外を除き、禁じられています。本書を代行業者等の第三者に依頼してスキャンやデジタル化することは、たとえ個人や家庭内での利用であっても著作権法上認められません。

本書に掲載された記事の著作権は著者に帰属します。これらを無断で使用し、展示・販売・レンタル・講習会などを行うことを禁じます。

JCOPY ＜（一社）出版者著作権管理機構 委託出版物＞
本書を無断で複製複写（コピー）することは、著作権法上での例外を除き、禁じられています。本書をコピーされる場合は、そのつど事前に、（一社）出版者著作権管理機構（電話 03-5244-5088／FAX 03-5244-5089／e-mail:info@jcopy.or.jp）の許諾を得てください。

ISBN978-4-416-91886-9